Tomie dePaola · Josef Quadflieg
Die neue Bilderbibel

DIE NEUE
BILDERBIBEL

gemalt von Tomie dePaola
erzählt von Josef Quadflieg

Patmos

Die Deutsche Bibliothek – CIP-Einheitsaufnahme

Die neue Bilderbibel / gemalt von Tomie dePaola.
Erzählt von Josef Quadflieg.
3. Aufl. – Düsseldorf: Patmos, 1995
Einheitssacht.: Book of Bible storys <dt.>
ISBN 3-491-79415-3
NE: DePaola, Tomie; Quadflieg, Josef; Bilderbibel; EST

© 1990 Patmos Verlag, Düsseldorf
für die deutschsprachige Ausgabe
Alle Rechte vorbehalten
3. Auflage 1995
Gesamtherstellung: Schoofs, Barcelona

Originalausgabe in englischer Sprache:
© 1990 für den Text: Zondervon Bible Publishing
© 1990 für die Illustration: Whitebird. Inc.
This edition published by arrangement with
G. P. Putnam's Sons, a division of The Putnam & Grosset Group

Die Bibel erzählt von Gott und den Menschen. In vielen Geschichten geht es gut und friedlich zu, in anderen wird Betrübliches erzählt. Manchmal könnte man fragen: Gott, wo bist du? Hast du die Menschen vergessen? Wer die biblischen Erzählungen aufmerksam liest, der weiß: Gott vergißt und verläßt uns Menschen nicht. So war es im Anfang, und so wird es immer sein, bis zum Ende der Zeiten. Vom Ende der Zeiten heißt es in der Bibel in einem schönen Gedicht:

Der Wolf wird wohnen beim Lamm,
Beim Ziegenböcklein liegt der Panther,
Kälbchen und Löwe weiden zusammen,
Bären und Kühe freunden sich an,
Ein Kind wird die wilden Tiere hüten –
Und es geschieht nichts Böses mehr.

INHALT

Aus dem
Alten Testament

Gott erschafft die Welt

Im Anfang, zu Beginn der Alten Zeit, erschuf Gott den Himmel und die Erde. Wasser überflutete die Erde. Finsternis lag über dem öden Land, nirgends war Leben. Über den Wassern schwebte der Geist Gottes.

Da sprach Gott: Es werde Licht! Und es wurde Licht. Gott sah, daß das Licht gut war. Er trennte das Licht von der Finsternis und nannte das Licht: Tag. Die Finsternis nannte er: Nacht.

Dann erschuf Gott das Himmelsgewölbe. Oben am Himmelsgewölbe ließ er Regenwolken aufziehen, unten, aus der Erde, ließ er Wasserquellen hervorsprudeln. Nun war Wasser genug da, oben und unten: Das Leben konnte beginnen.

Gott ordnete Wasser und Land; das Wasser ließ er zusammenströmen, die großen Meere entstanden, die Ozeane. Aus dem Trockenen erhoben sich die Erdteile, schoben sich aneinander, schoben sich auseinander; es wurden Berge und Täler, Wüstengebiete und weite Landstriche mit fruchtbarem Ackerboden.

Am Himmelsgewölbe machte Gott die Sonne fest. Sie strahlte auf, die Tage wurden warm und hell. Und er schuf den Mond und die Sterne, damit auch die Nächte nicht trostlos wären, sondern lieblich und schön.

Dann sprach Gott: Auf der Erde sollen Pflanzen wachsen! Und es entstanden Pflanzen auf der Erde: Gräser und Blumen, Bäume und Sträucher, Wälder und Kornfelder, Wiesen und lila blühendes Heideland, Moos und Pilze.

Und Gott sprach weiter: Das Wasser soll wimmeln von Lebewesen! Da gab es Fische, Muscheln und tausenderlei Meerestiere: Korallen und Schildkröten, Seepferdchen und Kraken. Und Gott sprach: Auch die Luft soll erfüllt sein von Leben! Da flogen sie auf: Vögel, Bienen, Wanderheuschrecken, Schmetterlinge, Fledermäuse, bunt schillernde Käfer, große und kleine. Gott fand alles sehr gut, was in der Luft war, und er sprach: Auch auf dem Land sollen Tiere entstehen! Da kamen sie hervor: die Pferde, gemächliche Elefanten und dicke Nashörner, die hüpfenden Känguruhs, Schlangen und Spinnen, Kühe mit großen Eutern voll Milch, die Schafe mit ihrer Wolle, der flinke Fuchs und die Affen.

So war also alles erschaffen, alle lebendigen Wesen, in der Luft, im Wasser und auf der Erde; die Pflanzen waren da und die Tiere. Nur die Menschen waren noch nicht erschaffen.

Da erhob sich Gott und stieg vom Himmel herab auf die Erde. Er nahm Lehm von einem Acker und formte daraus, mit Sorgfalt und Phantasie, die Gestalt eines Menschen: Den Kopf und den Rumpf, die Arme und die Beine und alles, was zum Körper des Menschen gehört.

Dann neigte Gott sich dem Menschen zu, den er aus dem Lehm des Ackerbodens geschaffen hatte, und blies ihm Atem in die Nase, seinen Atem, Gottes Atem, Atem vom Atem Gottes. So wurde der Mensch ein lebendiges Wesen. Der Mensch war schöner als alles andere, was Gott erschaffen hatte: ein Ebenbild Gottes.

So erschuf Gott die Menschen, er schuf Mann und Frau, Adam und Eva, und segnete sie. Er legte ihnen die Hände auf und sprach: Seid fruchtbar, habt Kinder, vermehrt euch!

Zuletzt setzte Gott die Menschen in einen Garten, in das Paradies. Der Garten war voll von Blumen und Früchten, herrlich anzusehen. Und Gott sprach zu den Menschen: Seht, wie schön der Garten ist! Ich schenke ihn euch! Ich schenke euch die Erde! Alles soll euch gehören, die Erde, das Wasser, die Pflanzen und die Tiere. Bewahrt und behütet sie, so werdet ihr glücklich sein.

Die Menschen im Paradies

Gott sah, daß alles, was er erschaffen hatte, sehr gut war. Da ruhte er aus und sprach: So wie ich sollen in aller Zeit die Menschen nach der Arbeit ausruhen. Der Ruhetag nach sechs Tagen Arbeit soll ihnen ein heiliger Tag sein.

Adam und Eva waren glücklich und liebten einander. Sie hatten im Paradies alles, was sie brauchten. Sie spielten mit den Tieren und gaben ihnen Namen. Die Rehe und die Vögel waren nicht scheu und flohen nicht vor den Menschen. Die Menschen fürchteten sich nicht vor den Tieren, nicht vor den Bären und nicht vor den Krokodilen. Alle lebten in Frieden miteinander.

Adam und Eva pflegten die Pflanzen; sie aßen Obst von den Bäumen und Früchte, die im Garten wuchsen. Aus den Bächen konnten sie trinken; die Luft war rein und herrlich zum Atmen. Gott ging oft im Paradies spazieren, und die Menschen freuten sich und sagten: Wie schön, daß Gott immer in unserer Nähe ist!

Mitten im Paradies stand ein Baum, der hieß Baum der Erkenntnis. Gott sagte zu Adam und Eva: Von allen Bäumen dürft ihr essen, nur von dem Baum der Erkenntnis nicht. Wenn ihr vom Baum der Erkenntnis eßt, müßt ihr sterben. Adam und Eva gehorchten und rührten die Früchte vom Baum der Erkenntnis nicht an.

Die Schlange aber fragte: Hat Gott wirklich gesagt, ihr dürft von den Bäumen, die im Paradiese stehen, nicht essen? Sie antworteten: Wir dürfen von allen Bäumen des Paradieses pflücken und essen! Nur von dem Baum der Erkenntnis nicht, sonst müssen wir sterben. Die Schlange sprach: Glaubt das nicht. Ihr werdet nicht sterben. Wenn ihr von diesem Baum eßt, werdet ihr sein wie Gott! Darum hat Gott es euch verboten.

Sie sahen, daß der Baum eine Augenweide war, und wie verlockend die Früchte aussahen. Sie dachten: Wir haben alles, nur das eine fehlt uns noch – so zu sein wie Gott! Und sie pflückten eine Frucht ab und aßen. Als sie einander beim Essen anschauten, merkten sie zum ersten Mal, daß sie nackt waren.

Da hörten sie Gott kommen, der im Mittagswind im Schatten der Bäume spazieren ging. Sie schämten sich und sprachen: Schnell! Gott darf uns nicht sehen! Sie machten sich Schürzen aus Blättern und versteckten sich.

Gott aber rief: Wo seid ihr? Kommt heraus und antwortet mir: Habt ihr von dem Baum der Erkenntnis gegessen, der mitten im Paradies steht?

Sie antworteten: Ja, Herr. Die Schlange hat uns verführt. Da sprach Gott: Weil ihr das getan habt, dürft ihr nicht länger hierbleiben. Er machte ihnen Kleider aus Fell und trieb sie aus dem Paradies. Er stellte einen Engel auf, mit einem flammenden Schwert, der von nun an den Weg zum Baum der Erkenntnis bewachte.

Adam und Eva gingen fort, hinaus in die Welt. Von nun an mußten sie hart arbeiten, denn die Erde draußen war steinig und mit Dornen und Disteln bewachsen, ein wahres Elend.

Abel und Kain

Adam und Eva bekamen viele Kinder – aus den ersten Menschen waren
viele Menschen geworden. Sie jagten Bären und Ochsen und brieten ihr
Fleisch, sie fingen Fische und bereiteten sie auf dem Feuer zum Essen zu.
In den Wäldern sammelten sie Beeren und eßbare Wurzeln, von den
wildwachsenden Sträuchern und Bäumen pflückten sie Obst. Nach und
nach vergaßen sie das Paradies und richteten sich auf der Erde ein. Einige
legten Äcker an und säten Getreide, andere züchteten Schafe, Ziegen
und Kühe und zogen mit den Herden von Grasplatz zu Grasplatz.

Einmal gingen zwei Brüder, Abel und Kain aufs Feld, um Gott ein
Opfer darzubringen. Abel war Hirt, er brachte ein Lamm herbei. Kain
war Bauer, er brachte Feldfrüchte. Sie dachten bei sich: Was wir opfern,
soll Gott gehören! Wenn wir Gott etwas schenken, schenkt Gott uns
sicher etwas zurück: Gesundheit, eine gute Ernte, ein langes Leben.

Als sie ihre Opferfeuer angezündet hatten, merkten sie, daß Gott das
Opfer des Abel wohlgefällig annahm, das Opfer des Kain aber nahm er
nicht an. Da dachte Kain: Warum will Gott das Opfer meines Bruders,
mein Opfer aber will er nicht?

Kain blickte zu Boden; er mochte seinem Bruder vor Neid nicht in die Augen schauen. Er sprach: Komm, gehen wir! Als sie ein Stück gegangen waren, packte er seinen Bruder und schlug ihn tot.

Gott aber rief ihn und sprach: Was hast du getan! Das Blut deines Bruders schreit zu mir hinauf in den Himmel! Weil du das getan hast, soll mein Fluch über dich kommen: Du wirst von nun an nichts mehr von deinen Feldern ernten. Ruhelos mußt du über die Erde irren, von Ort zu Ort, von einem Land zum andern.

Da sagte Kain: Meine Schuld ist groß! Die Leute werden mir nachstellen, um mich zu töten.

Gott aber sprach: Ich mache dir ein Zeichen auf die Stirn. Daran wird man dich erkennen. Wenn die Leute das Zeichen sehen, werden sie sagen: Kain hat zwar Böses getan, doch dürfen wir ihm nicht deshalb auch Böses antun. Da zog Kain weg in eine unbekannte Gegend.

Kain gründete eine Stadt; andere taten es ihm nach. Von da an lebten die Menschen nicht mehr nur als Bauern und Hirten in Höfen und Zelten, sondern auch in Dörfern und Städten: Sie waren Handwerker und Arbeiter geworden, Kaufleute und Ärzte, Dichter und Musikanten.

Die große Flut

Die Zeit ging weiter, und bald gab es Menschen in allen Ländern der Welt. Die Menschen aber waren nicht zufrieden mit dem, was sie hatten; einer betrog den andern, sie führten Kriege und taten einander Gewalt an. Gott sah, wie schlecht die Menschen geworden waren, und sprach: Vielleicht wäre es besser gewesen, ich hätte niemals Menschen erschaffen! Ich will noch einmal von vorn anfangen. Ich will alles vernichten, was ich gemacht habe.

Nun lebte damals auf der Erde ein frommer Mann mit Namen Noach. Zu ihm sprach Gott: Die Erde ist verdorben, darum soll alles sterben, was lebt. Nur du und deine Familie, ihr sollt gerettet werden. Geh hin und baue ein Schiff, ein Schiff mit drei Stockwerken, und teile es in verschieden große Räume. Oben auf das Schiff setze ein Dach. Noach tat, was Gott befahl. Er nannte das Schiff Arche, das heißt: Kasten. Er fällte Bäume, sägte Balken und Bretter zurecht und baute das Schiff: 300 Meter lang, 25 Meter breit, 15 Meter hoch – genauso, wie Gott es angeordnet hatte. Obenauf setzte er das Dach; das Eingangstor baute er an die linke Seitenwand.

Und Gott sprach: Ich will eine Flut kommen lassen über die Erde; alles soll durch die Flut vernichtet werden. Ihr aber, du und deine Frau, deine Söhne und deren Frauen: Packt eure Sachen und geht in die Arche! Da ließ Noach seine Familie in die Arche einziehen. Mit ihnen gingen Tiere hinein: Je zwei und zwei, Männchen und Weibchen, von allen Tier-Arten, die es gab. Als sie eingezogen waren, schloß Gott die Tür der Arche hinter ihnen zu. Dann riß er die Wolken am Himmel auf und ließ Quellen aus der Erde hervorbrechen, vierzig Tage und vierzig Nächte lang. Zuletzt stand das Wasser so hoch, daß die höchsten Berge darunter verschwanden.

Da gingen die Städte in den Wasserfluten unter; die Wiesen versumpften und die Felder wurden verwüstet. Menschen und Tiere ertranken.

Endlich hörte der Regen auf. Gott sandte Wind über die Erde, damit sie trockne. So sank das Wasser, und die Arche blieb auf dem Gipfel des Berges Ararat hängen. Noach öffnete das Fenster und ließ einen Raben hinausfliegen. Der Rabe flog hin und her, bis die Erde trocken war; dann blieb er und kam nicht mehr zurück. Da schickte Noach eine Taube hinaus; sie kam zurück und hatte einen grünen Zweig im Schnabel. Noach hob das Dach von der Arche ab: Sie schauten hinaus, und alle freuten sich, weil auf der Erde wieder die Bäume blühten und die Wiesen grün waren.

Gott aber sprach: Komm heraus, du mit deiner Familie und mit all den Tieren, die gerettet worden sind! Mit euch soll das Leben auf der Erde neu beginnen.

Da kamen sie aus der Arche heraus: Die Tiere reckten sich und gähnten, sie sangen und flogen, sie krochen ins Gebüsch, ein jedes, wie es konnte nach seiner Art. Noach aber baute einen Altar, verneigte sich vor dem Herrn und dankte ihm, daß er sie alle aus der großen Flut errettet hatte.

Da ließ Gott einen Regenbogen aufgehen und sprach: Heute schließe ich einen Freundschafts-Bund mit dir und allen Menschen. Immer, wenn ich den Regenbogen in die Wolken stelle, denke ich an euch. Und immer, wenn ihr den Regenbogen seht, sollt ihr an mich und meinen Freundschafts-Bund denken. Dann streckte Gott die Hand aus über Noach und seine Familie und segnete sie, indem er sprach: Seid fruchtbar, habt Kinder und vermehrt euch! Breitet euch aus auf der ganzen Erde!

Der Turm von Babel

Die Menschen vermehrten sich und breiteten sich aus auf der ganzen Erde. Eines Tages sprachen sie zueinander: Wir wollen aus Lehm Ziegel formen und im Backofen zu Steinen brennen! Dann bauen wir eine Stadt, in der wir zusammen leben wollen, Haus an Haus. In der Stadt werden wir sicher sein und stark. Mitten in der Stadt aber wollen wir einen Turm errichten, dessen Spitze bis an den Himmel reicht, hoch hinauf bis an den Thron Gottes. Alle sollen über den Turm staunen, den wir bauen werden. Auf der ganzen Welt wird man von uns sprechen. Wir werden berühmt.

Da stieg Gott, der Herr, vom Himmel herab, um sich die Stadt und den Turm anzusehen. Er sprach: Wie stark die Menschen geworden sind, wie herrschsüchtig! Und das ist erst der Anfang! Mir scheint, daß ihnen von nun an alles möglich ist, was sie sich vornehmen. Dem will ich ein Ende machen.

Und Gott verwirrte ihre Sprache, so daß keiner mehr den andern verstand. Wenn einer »oben« sagte, verstand der andere »unten«, wenn einer »Bring Holz!« sagte, verstand der andere »Hol Steine!« Da mußten sie aufhören, den Turm zu bauen, dessen Spitze bis an den Himmel reichen sollte. Sie verließen die Stadt, gingen auseinander und verstreuten sich über die Erde. Die Stadt wurde nicht fertig; was von ihr blieb, nannte man später Babel, das heißt: Wirrwarr.

Die Geschichte von Abraham

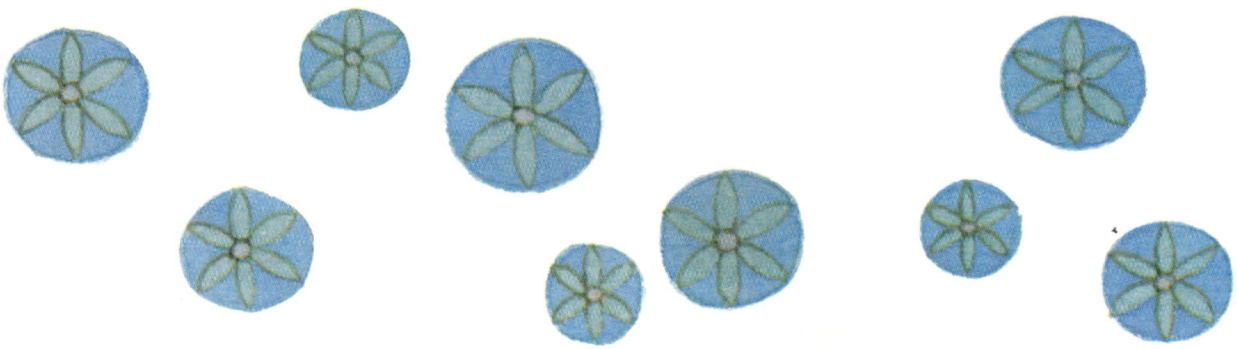

Jenseits der Wüste, in einem fruchtbaren Tal, wohnte ein Mann mit Namen Abraham. Er war verheiratet mit Sara; sie hatten keine Kinder. Eines Tages sprach Gott zu Abraham: Zieh weg aus deinem Tal, weg von deinen Verwandten, und komm in das Land, das ich dir zeigen werde. Aus dir und deinen Kindern wird eines Tages ein großes Volk werden. Ich will dich segnen und deinen Namen berühmt machen. Durch dich sollen alle Völker der Erde gesegnet sein.

Da zog Abraham weg, wie der Herr ihm gesagt hatte. Mit ihm gingen seine Frau Sara, sein Neffe Lot und viele Knechte und Mägde. Auch das Vieh und alles, was sie tragen konnten, nahmen sie mit. Sie wanderten in das Land Kanaan. Dort sprach Gott zu Abraham: Siehe, das ist das Land, das ich dir und deinen Kindern geben werde! Abraham dankte Gott für die gute Reise und baute ihm einen Altar.

Da sprach Gott zu Abraham: Blicke zum Himmel hinauf und zähle die Sterne, wenn du sie zählen kannst! Ich will deine Kinder und deine Enkel und alle, die nach ihnen geboren werden, alle deine Nachkommen, zahlreich machen wie die Sterne am Himmel. Nur wer die Sterne am Himmel zählen kann, würde deine Nachkommen zählen können!

Lange Zeit hatten Abraham und Sara keine Kinder. Als sie schon alt geworden waren, gebar Sara einen Sohn. Sie nannten ihn Isaak.

Der Knabe Isaak wuchs heran, und die Eltern hatten ihn sehr lieb. Er war ihr einziges Kind, ihr ganzes Glück. Sie dachten: Wenn Isaak erwachsen sein wird und heiratet, wird er viele Kinder haben – denn Gott hat uns versprochen, daß die Nachkommen Abrahams zahlreich sein werden wie die Sterne am Himmel und der Staub auf der Erde.

Eines Tages stellte Gott Abraham auf die Probe und sprach: Abraham! Abraham antwortete: Hier bin ich, Herr. Gott sprach: Nimm deinen einzigen Sohn Isaak, den du liebhast, und bringe ihn mir zum Opfer dar! Ich selbst werde dir den Berg zeigen, wo dies geschehen soll.

Am folgenden Morgen stand Abraham früh auf, spaltete Holz für ein Opferfeuer und holte seinen Esel. Er sattelte den Esel und band ihm das Holz auf den Rücken. Dann ging er ins Zelt und weckte seinen Sohn Isaak. Von zwei Knechten begleitet, machten sie sich auf den Weg. Nach drei Tagen kamen sie am Fuß des Berges an, den Gott ihm gezeigt hatte.

Abraham ließ die Knechte mit dem Esel am Fuß des Berges zurück. Dann lud er seinem Sohn Isaak das Holz auf die Schultern; er selbst trug das Feuer und das Messer. So gingen beide miteinander. Unterwegs sagte Isaak: Vater! Wir haben Feuer und Holz. Wo aber ist das Lamm, das wir opfern wollen? Abraham antwortete: Gott wird sich das Opferlamm aussuchen, mein Sohn.

Als sie oben angekommen waren, baute Abraham einen Altar. Dann schichtete er das Holz auf, fesselte seinen Sohn Isaak und legte ihn auf das Holz. Er nahm das Messer, um Isaak zu töten. Da rief der Herr vom Himmel her: Abraham! Abraham! Tu dem Knaben nichts zuleide! Denn jetzt weiß ich, daß du gehorsam bist. Wahrhaftig, groß ist dein Glaube und dein Vertrauen.

Da war Abraham froh, daß er sein Kind nicht töten mußte. Er blickte um sich und sah ein Schaf, das sich verirrt und in den Dornen eines Gestrüpps verfangen hatte. Er band seinen Sohn Isaak los und brachte dem Herrn das Schaf zum Opfer dar. Danach stiegen sie den Berg hinab zu der Stelle, an der die Knechte warteten. Sie nahmen den Esel und kehrten zu ihren Zelten zurück.

Mose führt das Volk Israel

Es geschah, wie Gott verheißen hatte: Die Nachkommen Abrahams wurden ein großes Volk, zahlreich wie die Sterne am Himmel. Sie wohnten im Land Kanaan und nannten sich Volk Israel oder: die Israeliten. Einmal kam über das Land Kanaan eine Hungersnot. Da zogen sie in ein fernes fremdes Land, nach Ägypten, denn sie hatten gehört, daß man dort Getreide kaufen könnte. Der König von Ägypten sprach: Ihr braucht nicht in eure Heimat zurückzukehren; ihr dürft in Ägypten wohnen bleiben! Da freuten sich die Israeliten und blieben in Ägypten.

Viele Jahre vergingen, ein neuer König kam auf den Thron. Der neue König haßte die Israeliten und ließ sie hart arbeiten. Er dachte: Wie viele sie geworden sind! Ein so starkes Volk könnte uns gefährlich werden! Ich will sie ausrotten. Und er befahl, alle neugeborenen Knaben müßten ins Wasser geworfen und ertränkt werden. Zu dieser Zeit gebar eine israelitische Mutter einen Sohn. Sie legte ihn in ein Körbchen und versteckte ihn am Ufer eines Flusses. Die Schwester des Kindes blieb in der Nähe und wachte.

Am Morgen kam die Tochter des Königs an den Fluß, um zu baden. Da fand sie das Körbchen, in dem der Knabe lag. Sie sagte: Diesen Knaben will ich annehmen als mein eigenes Kind! Sogleich lief die Schwester des Kindes herbei und fragte: Soll ich das Kind zu einer Mutter bringen, die es stillen und für dich großziehen kann? Die Königstochter willigte ein. So konnte die israelitische Mutter ihr eigenes Kind stillen und großziehen. Nach einiger Zeit wurde der Knabe an den Königshof gebracht. Dort gab man ihm den Namen Mose, das heißt: Aus dem Wasser gezogen. Mose ging in Ägypten zur Schule, lernte gut und wurde ein kräftiger junger Mann, gescheit und geschickt.

Einmal ging Mose durch die Stadt, in der die Israeliten für die Ägypter arbeiten mußten. Er sah, wie sie Lehm und Stroh trugen zum Ziegelbrennen, und wie sie in der Hitze Balken und Steine schleppten. Überall waren Soldaten des Königs, die sie zur Arbeit antrieben. Da war auch ein Mann, der nicht schnell genug arbeitete; einer der Soldaten lief zu ihm hin und schlug ihn mit einem Stock. Da wurde Mose zornig; er schaute um sich, packte den Soldaten und rief: Warum schlägst du diesen Mann? Er ist Israelit, ein Mann aus meinem Volke! – und er schlug den Soldaten tot.

Dies wurde dem König gemeldet, und der König befahl: Bringt Mose zu mir! Ich werde ihn richten und bestrafen. Als Mose davon erfuhr, floh er und verbarg sich in der Wüste, weit weg von Ägypten. Er kam bei einem reichen Mann unter, der viele Schafe besaß, und hütete dessen Herden. Der reiche Mann hieß Jitro, er gab dem Mose seine Tochter zur Frau. Nach einem Jahr schenkte Gott ihnen einen Sohn. Mose blieb mit seiner Frau und seinem Sohn bei Jitro im fremden Land, viele Jahre lang, und es ging ihm gut.

Eines Tages kam Mose mit den Schafen an den Berg Horeb. Da sah er Feuerflammen, die aus einem Dornbusch schlugen. Er schaute hin: Der Dornbusch brannte und verbrannte doch nicht! Mose sprach: Ich will hingehen und mir das seltsame Feuer ansehen. Warum verbrennt dieser Dornbusch nicht? Als er hinging, rief ihm eine Stimme aus dem Dornbusch zu: Mose! Komm nicht näher! Zieh deine Schuhe aus, denn dieser Ort ist heilig.

Da warf sich Mose zu Boden und bedeckte sein Angesicht. Die Stimme aus dem Dornbusch aber sprach: Ich bin Gott! Ich bin der Gott deines Vaters und der Gott Abrahams! Ich habe das Elend meines Volkes gesehen und sein Weinen gehört. Ich will das Volk Israel erlösen, ich will es befreien aus der Hand der Ägypter. Ich will sie hinausführen in ein schönes weites Land, das überfließt von Milch und Honig.

Da sprach Mose: Wie heißt du, Herr? Wie ist dein Name? Wie soll ich dich nennen? Gott antwortete: Mein Name ist Jahwe, das heißt: Ich-bin-da-für-euch. So sollst du mich nennen. Sage also dem Volk Israel: Der Ich-bin-da-für-euch hat zu mir gesprochen.

Und Gott sprach weiter: Ich mache dich zum Führer des Volkes. Du sollst das Volk Israel befreien. Sie sollen nicht länger Sklaven der Ägypter sein! Du sollst sie aus Ägypten hinausführen. Geh jetzt und tu, was ich dir sage.

Mose aber fürchtete sich, nach Ägypten zurückzukehren, und sprach zum Herrn: Was soll ich tun, wenn das Volk nicht auf mich hören will? Der Herr antwortete: Was hast du da in der Hand? Mose entgegnete: Einen Stab. Da sagte der Herr: Wirf ihn auf die Erde. Mose warf seinen Stab auf die Erde; da wurde der Stab zur Schlange, und Mose lief vor ihr weg. Der Herr aber sprach: Streck deine Hand aus und faß sie am Schwanz! Er streckte seine Hand aus und packte sie: Da wurde sie in seiner Hand wieder zum Stab. Und Jahwe sprach: Fürchtest du dich immer noch? Tu das in Ägypten, und man wird dir glauben!

Doch Mose fürchtete sich immer noch und sagte: Herr! Ich bin von Kind an keiner, der gut reden kann. Mein Mund und meine Zunge sind schwerfällig. Schick doch einen anderen, nicht mich!

Da wurde der Herr zornig und sprach: Du hast doch einen Bruder mit Namen Aaron. Nimm ihn mit! Er soll dir helfen. Du und Aaron, ihr sollt gemeinsam reden. Ich aber werde mit euch sein und euch die Worte in den Mund legen, die ihr sprechen sollt.

Da stieg Mose mit seiner Herde vom Berg Horeb hinunter und kehrte zu seinem Schwiegervater Jitro zurück. Als sie vor Jitros Zelt einander trafen, sagte Mose zu ihm: Ich will nach Ägypten gehen, zu meinem Volk, und schauen, wie es meinen Brüdern geht. Jitro antwortete: Geh hin in Frieden!

Gott aber sprach dem Mose Mut zu und sagte: Fürchte dich nicht! Alle, die dir einst nach dem Leben getrachtet haben, sind tot, niemand wird dir mehr etwas zuleide tun!

Da holte Mose seine Frau und seinen Sohn und setzte sie auf einen Esel. Sie nahmen Abschied von Jitro und zogen hinüber nach Ägypten. Mose trug den Stab in der Hand.

So kam also Mose nach Ägypten zurück. Er versammelte die Israeliten um sich und sprach: Der Ich-bin-da-für-euch, unser Gott, hat euer Elend gesehen und euer Weinen gehört. Er wird euch befreien und euch hinausführen in ein Land, das überfließt von Milch und Honig!

Da freuten sich die Israeliten. Sie aßen und tranken und dankten Gott. Sie sprachen: Was für ein herrlicher Tag! Diesen Tag werden wir nie vergessen, er soll für immer unser höchster Feiertag sein. Wir wollen den Feiertag Pascha-Fest nennen: Fest der Freiheit, Fest der Erlösung. Dann packten sie alles zusammen, was sie tragen konnten, und machten sich bereit für den Abmarsch. Mose nahm seinen Stab, stellte sich an die Spitze und rief: Auf, ihr Israeliten! Ich führe euch, im Namen Gottes!

Als der König von Ägypten davon Kunde erhielt, sprach er: Das Volk Israel darf nicht wegziehen, ich, der König, will es nicht! Gott aber schickte Plagen über Ägypten, Hunger und Durst, Frösche und Mücken, Krankheit und Tod. Der König fürchtete sich sehr und rief: O weh! Euer Gott ist stärker als ich! Zieht weg, zieht weg, so schnell ihr könnt!

So zogen sie aus, nachdem sie eine lange Zeit in Ägypten gewohnt hatten: Männer und Frauen, Mädchen und Jungen, auch das Vieh, die Hunde, sowie die Packesel, auf die sie ihre Sachen geladen hatten. Gott war mit ihnen; er zog vor ihnen her und zeigte ihnen den Weg. Am Tage war er in einer Wolke, in der Nacht war er in einer Säule von Feuer.

Sie kamen bis an die Grenze von Ägypten, dorthin, wo das Schilf-Meer beginnt. Da hörten sie ein großes Getöse. Als sie hinter sich blickten, sahen sie, daß der König sie mit seinen Soldaten verfolgte. Sie schrien vor Angst, doch Mose sprach: Fürchtet euch nicht! Unser Gott wird uns retten. Ist nicht sein Name Ich-bin-da-für-euch? Er hob seinen Stab, und sogleich sandte Gott einen Ostwind, so stark, daß er das Wasser des Schilf-Meeres vor ihnen aufleckte. So entstand ein trokkener Weg; rechts und links stand das Wasser, fest wie eine Mauer. Da konnten die Israeliten durch das Schilf-Meer gehen, hinüber ans andere Ufer, ohne daß ihre Füße naß wurden.

Als der König mit seinen Soldaten am Schilf-Meer ankam, ließ Gott den Ostwind abflauen, und das Wasser strömte wieder zusammen. So konnten die Ägypter das Volk Israel nicht angreifen. Wer dennoch versuchte, den Israeliten nachzusetzen, ertrank.

Vom Schilf-Meer aus zogen die Israeliten in eine Wüste. Dort fanden sie nichts zu essen und nichts zu trinken, tagelang. Da murrten sie: Wären wir nur in Ägypten geblieben. Dort hatten wir genug zu essen und zu trinken; hier müssen wir verhungern und verdursten. Da sprach Gott zu Mose: Ich selbst werde dem Volk zu essen und zu trinken geben.

Am Abend kamen Zugvögel, ein großer Schwarm. Erschöpft von ihrer langen Reise fielen sie auf die Erde. Da fingen die Israeliten die Vögel mit Netzen ein, rupften und brieten sie. – In der Nacht fielen Körner herab. Am Morgen sammelten die Israeliten die Körner auf. Sie waren innen weich und hatten eine knusprige Schale. Sie nannten die Körner Manna: Brot vom Himmel, Brot aus Gottes Hand. Die Israeliten aßen das Manna und wurden satt. Sie lobten Gott und dankten ihm für das Brot voll Kraft und Süßigkeit. Von da an sandte Gott ihnen jede Nacht Manna, viele Jahre lang, so lange, wie sie durch die Wüste wandern mußten.

Sie wanderten weiter und wurden von argem Durst geplagt. Wieder murrten sie und schrien Mose an: Sollen wir hier verdursten, wir und unser Vieh? Sie kamen auf Mose zu, mit Knüppeln und Steinen in den Händen und bedrohten ihn. Da sprach Gott zu Mose: Nimm deinen Stab und geh an den Felsen, den du vor dir siehst. Schlag mit dem Stab gegen den Felsen; ich werde dem Volk aus diesem Felsen Wasser zu trinken geben. Da schlug Mose an den Felsen, und sogleich brach eine Quelle hervor und spendete Wasser, so viel, daß alle zu trinken hatten, Menschen und Tiere.

Endlich erreichten die Israeliten einen Berg, der Berg Sinai heißt. Dort ließ Gott dem Volk durch Mose sagen: Wascht euch und kämmt euch, salbt eure Haare mit Öl und stellt euch am Fuß des Berges auf! Keiner darf den Berg betreten, denn der Berg ist heilig. Da bauten sie einen Zaun um den Berg, machten sich bereit wie zu einem Fest und waren gespannt, was Gott mit ihnen vorhatte.

Gott aber rief den Mose zu sich herauf. Als Mose oben auf dem Berge war, kam ein gewaltiges Erdbeben, so daß die Israeliten unten vor Angst zitterten. Rauch stieg auf vom Gipfel des Berges, Blitze zuckten, Donner grollte, Trompetenschall dröhnte ringsumher.

Da sprach Gott: Ich bin der Herr, dein Gott, der dich aus Ägypten geführt hat! Wie ein Adler seine Jungen trägt, so habe ich euch behütet und auf Flügeln getragen bis hierher. Ich schließe einen Freundschafts-Bund mit euch: Ich werde immer euer Gott sein, der zu euch steht. Ihr aber – tut, was ich euch heute sage. Dies sind meine Gebote, die jeder von euch halten soll: Du sollst keine anderen Götter neben mir haben. Ich bin dein Gott, ich allein. Achte meinen Namen: Ich-bin-da-für-euch. Achte ihn und vergiß ihn nicht. Den Ruhetag, den Sabbat, sollst du heilig halten.

Ehre Vater und Mutter, so wirst du lange leben, und es wird dir
gut gehen. Du sollst nicht töten. Du sollst die Ehe nicht brechen. Du
sollst nicht stehlen. Du sollst nicht lügen, keinem andern sollst du
schaden, indem du Böses über ihn sagst. Jeder soll dem andern gönnen, was er hat; Neid und Habgier soll es bei euch nicht geben.

Da riefen die Israeliten: Wir wollen tun, was der Herr geboten hat!
Mose schrieb die Gebote Gottes auf zwei Tafeln. Er ließ einen Kasten
bauen und legte die Tafeln hinein. Sie nannten den Kasten die »Lade«.
Wohin sie auch gingen – überall trugen sie die Lade mit.

Vom Berg Sinai aus wanderten die Israeliten weiter durch die Wüste, Wege und Umwege, hin und her, vierzig Jahre lang. Dann rief Gott, der Herr, seinen Freund Mose zu sich. Mose starb auf einem Hügel, und niemand weiß bis heute, wo er begraben liegt.

Endlich kamen die Israeliten an die Grenze des Landes, das Gott ihnen verheißen hatte. Es war das Land, aus dem ihre Väter einst ausgezogen waren nach Ägypten: das Land Kanaan. Sie machten Rast und schickten Männer aus, die das Land anschauen sollten. Als die Männer zurückkamen, riefen sie: Was für ein schönes, reiches Land! Alles grünt und blüht! Wahrhaftig, ein Land, das von Milch und Honig überfließt!

Die Israeliten in Kanaan

Als die Israeliten in das Land Kanaan einziehen wollten, sahen sie vor sich eine große Stadt liegen, mit dicken Mauern und festen Toren. Es war die Stadt Jericho. Da sprachen sie zueinander: Seht nur! Der Weg nach Kanaan ist uns versperrt. Wie könnten wir diese starke Stadt bezwingen, wir, die wir so schwach sind!

Sie hatten aber, als Mose gestorben war, einen neuen Mann, der vor ihnen herzog und sie führte, Josua mit Namen. Gott, der Herr, sprach zu Josua: Fürchtet euch nicht, denn ich bin mit euch. Ich werde die Stadt Jericho in eure Hand geben, und ihr werdet in das Land einziehen, wie ich euch verheißen habe!

Und so sollt ihr es machen: Stellt euch frühmorgens auf und marschiert rund um die Stadt. Sechs Tage sollt ihr Jericho umkreisen, jeden Tag ein Mal. Ihr sollt die Lade mit euch tragen, in der die Tafeln mit den Geboten liegen, die ich euch am Berge Sinai gegeben habe. Sieben Priester sollen vor der Lade hergehen, sie sollen sieben Widder-Hörner blasen, kräftig und mit lautem Ton, daß alle in der Stadt es hören und sich fürchten. Ihr aber sollt hinter der Lade herziehen, stumm, ohne ein Wort zu sprechen.

Am siebten Tage aber sollt ihr nicht nur ein Mal, sondern sieben Mal die Stadt umkreisen. Beim siebten Mal sollt ihr so laut schreien, wie ihr könnt.

Josua sagte alles den Israeliten weiter, und sie taten genau so, wie der Herr gesagt hatte: Sechs Tage zogen sie um die Stadt, jeden Tag ein Mal, die Priester vor der Lade und das Volk dahinter. Am siebten Tage aber zogen sie sieben Mal um Jericho herum. Beim siebten Mal rief Josua: Auf! Macht ein lautes Kriegsgeschrei! Der Herr gibt Jericho in unsere Hand! Da bliesen die Priester in die Widder-Hörner, und das Volk schrie, so laut es konnte.

Als der Hörnerschall ertönte und das Kriegsgeschrei ausbrach, ließ Gott, der Herr, die Mauern von Jericho in sich zusammenfallen. Die Israeliten stiegen über die Trümmer, drangen in die Stadt ein und eroberten sie.

Nachdem sie Jericho erobert hatten, war der Weg frei: Sie zogen mit der Lade weiter, von Stadt zu Stadt, von Dorf zu Dorf, quer durch das Land Kanaan. Zuletzt teilte Josua das Land unter sie auf, und sie blieben wohnen. Heute heißt das Land, in dem die Nachkommen der Israeliten leben: Land Israel.

Simson
und die Philister

Im Land Kanaan wohnten zwei Völker nebeneinander: Die Israeliten und die Philister. Sie hatten ständig Streit und führten oft Krieg
gegeneinander. Manchmal siegten die Philister, manchmal die Israeliten.

Im Volk Israel lebte damals ein Mann mit Namen Simson. Er war so
stark, daß er einen Löwen mit bloßen Händen in Stücke reißen konnte.
Die Philister wollten Simson fangen; da erschlug er Tausend von ihnen
mit dem Backenknochen eines Esels. Die Leute sagten zueinander: Seht
doch, Simson hat wahrhaftig Zauberkräfte!

Eines Tages verliebte sich Simson in eine Frau, die Delila hieß. Da
kamen die Fürsten der Philister zu Delila und sprachen: Versuche her-
auszubringen, woran es liegt, daß Simson so stark ist! Wenn du es uns
verrätst, geben wir dir viel Geld.

Als es Abend wurde und Simson zur Ruhe gehen wollte, nahm Delila seinen Kopf in ihren Schoß, streichelte ihn und sprach: Ach, mein Liebster! Sag mir doch, ob kein Mensch auf der Welt dich bezwingen kann! Simson sprach: Wenn mich jemand mit sieben Tier-Sehnen fesselte, wäre ich verloren. Da gaben die Philister ihr sieben Tier-Sehnen, und Delila fesselte ihn. In der Nacht rief sie: Simson! Die Philister kommen! Sofort sprang Simson auf und zerriß die Sehnen, als wären sie Fäden aus Seide.

Da sprachen die Philister: Versuch es ein zweites Mal! Delila fragte ihn also wieder: Ach, lieber Mann, sag mir doch, wie man dich bezwingen könnte! Simson sprach: Nicht mit Sehnen, sondern mit nagelneuen Stricken müßte man mich fesseln, dann wäre ich verloren. Da gaben die Philister ihr nagelneue Stricke, und sie fesselte ihn damit. Doch auch die Stricke zerriß Simson, als wären sie Fäden aus Seide.

Da kamen die Fürsten der Philister wieder und sprachen: Versuch es ein drittes Mal. Du weißt: Wir geben dir viel Geld, wenn du das Geheimnis des Simson herausbringst! Delila machte Simson Vorwürfe: Wie kannst du nur sagen: Ich liebe dich! – und mich sogleich so zum Narren halten! Weder mit Sehnen noch mit Stricken kann man dich fesseln und besiegen. Sag mir endlich: Woher hast du deine Kraft? Wie kann man dich bezwingen?

Simson dachte sich eine neue Geschichte aus und sagte: Man muß meine Haare zu sieben Zöpfen flechten und die sieben Zöpfe auf einen Webstuhl spannen. Sind sie fest auf dem Webstuhl verknotet, kann ich sie nicht mehr herauslösen. So werde ich schwach sein wie jeder Mensch.

Da lief Delila zu den Fürsten der Philister und sprach: Jetzt habe ich ihm sein Geheimnis entlockt! Diese Nacht könnt ihr kommen und Simson holen.

Am Abend wiegte sie Simson in Schlaf, flocht seine Haare zu sieben Zöpfen und knotete sie auf ihrem Webstuhl fest. Dann rief sie: Simson!

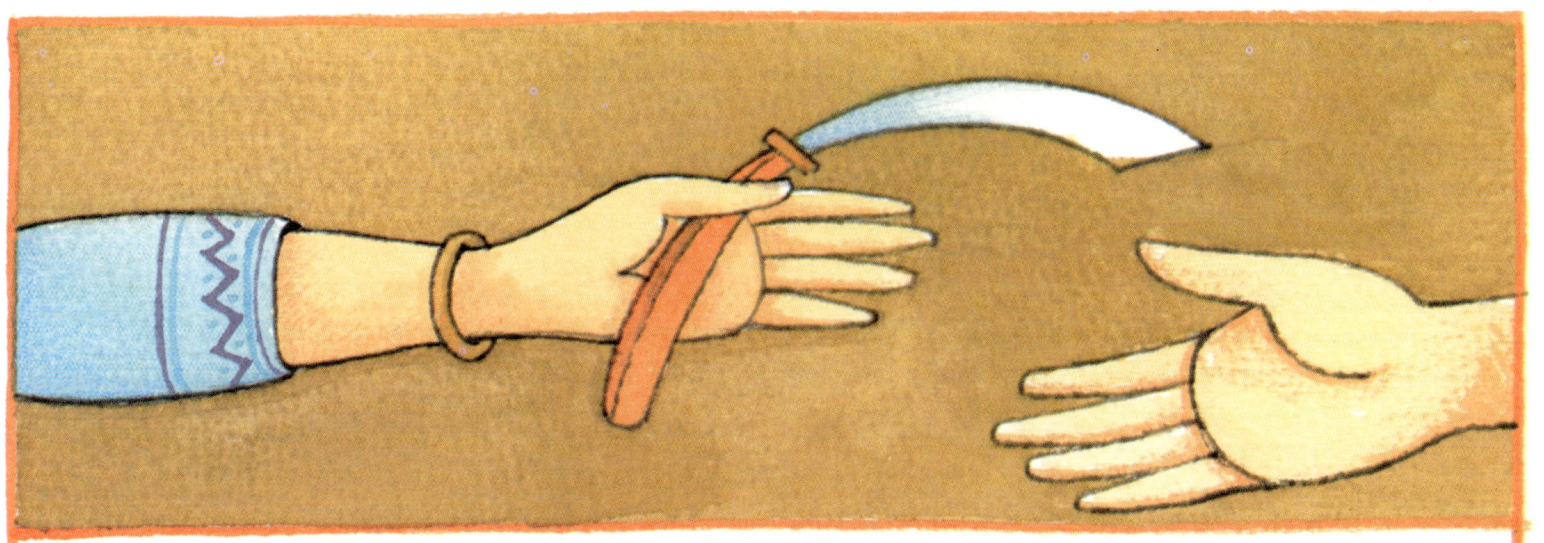

Die Philister! Simson fuhr aus dem Schlaf hoch, riß seine Haare aus dem Webstuhl und befreite sich. Darauf sagte Delila zu ihm: Nun hast du mich zum dritten Mal belogen! Ich glaube, du liebst mich nicht mehr.

Da sprach Simson: Gut, ich werde dir also die Wahrheit sagen. Seit meiner Geburt sind mir bis heute nie die Haare geschnitten worden, in meinen langen Haaren liegt meine ganze Kraft!

Da schickte Delila einen Boten zu den Philistern und ließ ihnen sagen: Kommt jetzt, endlich weiß ich Simsons Geheimnis! Sie kamen bei der Nacht und warteten, bis Simson eingeschlafen war. Dann traten sie leise heran und schnitten ihm die Haare ab. Delila weckte ihn und rief: Simson! Die Philister! Doch er konnte den Philistern nicht widerstehen, denn alle Kraft war aus ihm gewichen. Sie nahmen ihn gefangen und stachen ihm die Augen aus. Schließlich wurde Simson ins Gefängnis geworfen, wo er einen schweren Mühlstein drehen mußte, viele Jahre lang. Allmählich aber wuchsen seine Haare nach.

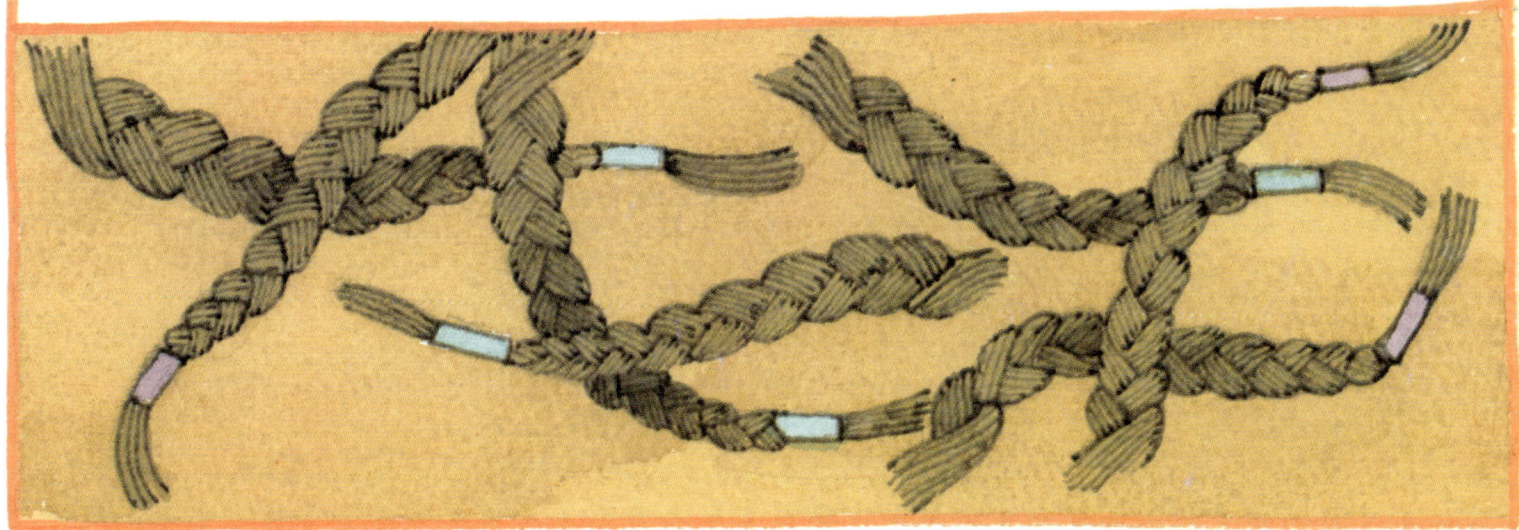

Eines Tages wurde im Philisterland ein Fest gefeiert. Da sprachen die Fürsten der Philister: Wir wollen den blinden Simson aus dem Gefängnis holen und ihn den Leuten vorführen. Was wird das für ein Spaß sein, wenn sie ihn hilflos umhertappen sehen! Er wird überall mit dem Kopf anstoßen, stolpern wird er über die Ketten, die er an den Füßen trägt!

Man verkündete also dem Volk: Simson wird hervorgeholt und tritt beim Fest als Spaßmacher auf! Da strömten die Leute zusammen, von überall her. Auf den besten Plätzen saßen die Fürsten, und rings-um auf dem Flachdach des Palastes drängten sich 3000 Männer und Frauen. Endlich wurde Platz gemacht, und ein Knabe führte den blin-den Simson heran. Da riefen die Leute: Seht den Simson! Seht den Starken, den Riesen! Von einem Knaben wird er geführt! Und alle lachten.

Simson aber sagte zu dem Knaben: Führe mich an die Säulen, die den Palast tragen! Ich will sie betasten und mich an sie lehnen, denn ich bin müde vom Mühlstein-Drehen. Als er die Säulen fühlte, betete er zum Herrn: Herr und Gott! Gib mir meine alte Kraft wieder!

Darauf packte er die beiden Säulen, die in der Mitte standen, die eine mit der rechten, die andere mit der linken Hand, und stemmte sich gegen sie. Er rief: So will ich denn zusammen mit den Philistern sterben, die mir meine Augen ausgestochen haben! Er drückte die Säulen auseinander, und der Palast stürzte ein, samt dem Flachdach, auf dem die Zuschauer saßen. Keiner blieb am Leben.

56

Rut

Nahe bei Kanaan lag das Land Moab. Einst lebte dort eine Moabiterin mit Namen Rut. Ihre Schwiegermutter hieß Noomi; beide waren Witwen, denn ihre Männer waren gestorben. So wohnten die zwei Frauen zusammen im selben Haus: Die alte Noomi, und Rut, die noch jung war und sehr schön. Die Moabiter aber waren Heiden, und auch Rut kannte den Gott Israels nicht.

Eines Tages sprach Noomi zu Rut: Meine Tochter, ich will in das Land Kanaan zurückgehen, zurück zu den Israeliten. Von dort bin ich einst gekommen, dort bin ich geboren, dort will ich sterben. Bleibe du im Land Moab zurück. Hier wirst du einen Mann finden und wieder heiraten. Rut antwortete: Nein, liebe Mutter, ich will mit dir gehen! Du sollst nicht allein wegziehen. So machten sie sich zusammen auf die Reise.

Als sie einen Tag gewandert waren, blieb Noomi stehen, küßte ihre Schwiegertochter und sprach: Liebe Tochter, geh doch zurück! Bleib in Moab und laß mich allein weiterziehen. Rut aber fing an zu weinen und antwortete: Niemals werde ich mich trennen von dir. Wohin du gehst, dahin will auch ich gehen. Wo du lebst, da will auch ich leben, wo du stirbst, da will auch ich sterben. Dein Volk soll mein Volk werden, der Gott Israels soll mein Gott sein!

Als Noomi einsah, daß Rut darauf bestand, hörte sie auf, sie zu bedrängen. Sie umarmte ihre Schwiegertochter, und sie gingen zusammen weiter. Endlich kamen sie in das Land Kanaan. Dort lag in den Bergen das Städtchen Betlehem, das heißt: Brotheim. Das Städtchen gefiel ihnen; darum machten sie halt und blieben dort wohnen. Als sie um sich blickten, sahen sie, daß rings um Betlehem große Getreidefelder lagen. Sie fragten die Leute, wem die Getreidefelde gehörten; da sagten die Leute: Fast alle Felder gehören Boas, dem reichsten Bauern von Betlehem.

Eines Tages ging Rut auf die Felder des Boas, um Ähren zu sammeln, die bei der Ernte liegengeblieben waren. Boas sah sie und erkundigte sich bei seinen Knechten, wer die Frau dort wäre. Darauf sagte er zu Rut: Meine Knechte haben mir erzählt, daß du gütig zu deiner Mutter bist, und wie eifrig du für sie sorgst. Du bist aus dem Volk der Heiden zum Volk Israel gekommen – der Gott Israels wird dich behüten und unter seine Flügel nehmen!

Von nun an durfte Rut täglich auf den Feldern des Boas Ähren lesen, bis die Zeit der Ernte vorüber war. Da sprach Noomi zu ihr: Nun ist die Zeit der Ernte vorüber, und Boas und seine Knechte ruhen sich aus. Du aber, wasch dich, kämm dich und salbe dich mit wohlriechendem Öl. Geh heute abend zu der Scheune, in der Boas schläft. Leg dich zu seinen Füßen nieder und warte, bis er aufwacht und dich findet. Er wird dir sagen, was du tun sollst.

Rut tat, wie Noomi gesagt hatte, und legte sich zu den Füßen des Boas nieder. In der Nacht wachte Boas auf und fragte: Wer bist du? Sie antwortete: Ich bin Rut, die auf deinen Feldern war. Da sprach Boas: Gesegnet bist du von Gott, dem Herrn! Bleib bei mir und fürchte dich nicht. Da blieb Rut bei ihm, die Nacht über und von da an für immer. Sie heirateten und bekamen Kinder und Enkelkinder. Ihr Urenkel hieß David und wurde später König von Israel.

58

David und der Riese Goliat

In Betlehem lebte ein Mann mit Namen Isai. Er war der Enkelsohn von Rut. Isai hatte acht Söhne. Eines Tages kam ein Fremder nach Betlehem, rief die Leute auf dem Marktplatz zusammen und verkündete: Gott hat mich zu euch gesandt. Ich habe euch etwas Wichtiges mitzuteilen. Da sagten die Leute zueinander: Er ist ein Gottesmann, ein Prophet! Hören wir, was er uns zu sagen hat.

Der Prophet sprach: Bis jetzt hattet ihr keinen König, der weise und gottesfürchtig über euch regierte. Heute werde ich einen aus eurem Volk zum König machen. Isai soll vortreten und mir seine Söhne zeigen; denn einer von Isais Söhnen soll der König sein.

Isai holte sogleich seinen ältesten Sohn herbei und stellte ihn vor den Propheten. Der Prophet schaute ihn an und sprach: Diesen hat Gott nicht erwählt. Da stellte Isai seinen zweiten Sohn vor ihn, doch der Prophet schüttelte den Kopf und sprach: Auch diesen hat Gott nicht erwählt. Als Isai sieben seiner Söhne vorgestellt hatte, fragte der Prophet: Sind das alle deine Söhne? Isai antwortete: Einer fehlt noch, er ist draußen bei den Schafen. Er ist gewiß noch zu jung, um König zu sein. Der Prophet aber sprach: Hol ihn her, ich will ihn sehen!

Da rief Isai seinen jüngsten Sohn; es war David. Der Prophet sprach: Der soll es sein! Da wunderten sich die Leute, daß der kleine David den großen erwachsenen Söhnen vorgezogen werden sollte. Doch der Prophet sprach: Ihr Menschen, ihr schaut auf das Äußere; Gott aber schaut in das Herz. Und er goß Öl über das Haupt des David und salbte ihn zum König.

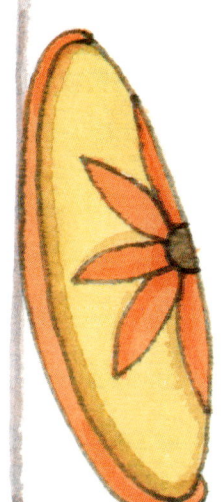

In diesen Tagen war Krieg zwischen den Israeliten und den Philistern.
Auch die Söhne des Isai waren dabei und kämpften gegen die Philister.
Da sagte Isai zu David: Mein Kind, geh hin und schau, ob meine Söhne,
deine Brüder, noch am Leben sind! Nimm ihnen etwas zu essen mit,
damit sie nicht Not leiden müssen. Dann komm zurück und berichte
mir, wie es ihnen geht.

Da ging David hin und brachte seinen Brüdern, was der Vater ihm
mitgegeben hatte. Als er zurückkam, erzählte er: Die Israeliten sind in
großer Bedrängnis. Bei den Philistern ist nämlich ein Mann, ein Riese,
schrecklich anzuschauen. Täglich tritt er vor die Israeliten hin und ruft:
Ihr! Wollt ihr es wagen, uns anzugreifen? Seht, wie groß und stark ich
bin! Nur wer mich besiegen kann, wird die Philister besiegen können.

Der Riese, von dem David erzählte, hieß Goliat. Eines Tages sprach David: Ich will mit dem Riesen Goliat kämpfen und ihn besiegen! Da sagten die Leute: Du bist noch zu jung. Komm, wir wollen probieren, ob dir eine Rüstung paßt! Doch David sprach: Laßt die Rüstung! So, wie ich bin, werde ich vor Goliat treten und ihn zum Zweikampf herausfordern.

Er hängte seine Hirtentasche um, tat fünf Kieselsteine hinein, nahm einen Stock und seine Schleuder und marschierte los. Als der Riese ihn kommen sah, lachte er und höhnte: Bin ich ein Hund, daß du mit einem Stock zu mir kommst? Bei allen Göttern der Philister: Sei verflucht, kleiner rotblonder Israelit! Ich werde dich in Stücke reißen!

David entgegnete: Ruf du nur deine Götter an! Komm du nur mit deinen Waffen! Ich komme im Namen Gottes, den du vor den Israeliten verspottet hast.

61

Dann griff David in seine Hirtentasche, nahm einen Stein heraus, schleuderte ihn ab und traf Goliat an der Stirn, so daß er zu Boden stürzte. Da lief David hin, ergriff das Schwert des Riesen und schlug ihm den Kopf ab. Als die Philister sahen, daß ihr stärkster Mann tot war, flohen sie.

Die Israeliten machten Kriegslärm und Geschrei und verfolgten die Philister, bis sie weit genug weg waren von den Grenzen Israels.

Nachdem David herangewachsen war, besiegte er die Feinde ringsumher. So konnte das Volk Israel in Frieden leben. Er machte Jerusalem zur Hauptstadt und regierte dort als König über Israel.

Königin Ester rettet ihr Volk

In Persien lebte einst ein König, der sprach zu seinen Hofleuten: Geht durch das ganze Reich und sucht überall nach schönen Jungfrauen! Bringt sie an den Königshof, denn ich will die schönste von ihnen heiraten. Sie soll Königin werden.

Da gingen die Hofleute hin und taten, wie der König befahl. Nach einiger Zeit kamen sie zurück und brachten aus jeder Provinz die schönsten Mädchen mit, die sie gefunden hatten. Der König schaute sie alle an; dann wählte er eine von ihnen aus. Sie hieß Ester und war wirklich die allerschönste. Die Hochzeit wurde mit großer Pracht gefeiert, sieben Tage lang. Der König veranstaltete zu Ehren von Königin Ester ein Festmahl, zu dem die Fürsten und Edlen eingeladen waren. An alle Bewohner des Reiches ließ der König Geschenke austeilen.

Nun wohnten damals in Persien viele Nachkommen der Israeliten; man nannte sie »Juden«. Auch Ester war eine Jüdin, doch sie hatte es keinem gesagt, auch nicht dem König. Manche Leute mochten die Juden und waren mit ihnen befreundet; andere mochten die Juden nicht und waren ihnen feindlich gesonnen. Besonders ein Mann war da, der haßte die Juden sehr; er hieß Haman und war der Oberste Minister des Königs. Wenn Haman durch die Straßen ging, mußten alle Leute vor ihm niderknien.

Einmal, auf dem Marktplatz, ging ein Jude an Haman vorbei und kniete nicht vor ihm nieder. Die Diener hielten ihn an und fragten: Wie kannst du es wagen, vor dem Obersten Minister des Königs nicht niederzuknien und ihn nicht anzubeten? Der Mann antwortete: Ich bin ein Jude, und ein Jude darf nur vor Gott, dem Herrn, niederknien und nur ihn allein anbeten. Dann ging er weiter. Der Mann, der sich nicht vor Haman niedergekniet hatte, hieß Mordechai.

Als Haman hörte, was Mordechai gesagt hatte, wurde er zornig und sprach: Wartet nur, ihr Juden! Ich werde euch alle vernichten. Alle Juden sollen getötet werden, das schwör ich euch.

Und er ging zum König und sprach: O großer König! Die Juden, die verstreut in deinem Reiche wohnen, sind ein ungehorsames Volk! Sie befolgen deine Gesetze nicht. Gib mir die Erlaubnis, sie zu töten. Der König antwortete: Tu, was du für richtig hältst. Da erließ Haman den Befehl, alle Juden sollten zusammengetrieben werden, Männer, Frauen und Kinder, und an einem bestimmten Tag sollten sie alle getötet werden. Er ließ auf dem Marktplatz einen hohen Galgen aufstellen, den man schon von weitem sehen konnte. Die Juden fürchteten sich sehr und weinten laut. Sie gingen zu Mordechai und sagten: Kannst du uns nicht helfen?

Nun traf es sich, daß Mordechai und die Königin verwandt waren; Mordechai war nämlich Esters Onkel. So ging er denn heimlich zu ihr hin und sprach: Mein liebes Kind, kannst du nicht mit dem König reden? Kannst du ihn nicht bitten, uns zu verschonen? Ester antwortete: Ich will es versuchen. Knie du unterdessen nieder und bete zu Gott, dem Herrn, daß der König mich erhören möge.

Dann ließ sich Ester von ihren Dienerinnen waschen und kämmen und salben, zog ihr schönstes Kleid an und trat vor den König. Der König sprach: Sei gegrüßt, liebe Frau! Was ist dein Wunsch? Ich will dir alles gewähren, selbst wenn du um die Hälfte meines Königreichs bittest. Ester verneigte sich und sprach: So höre denn. Dein Oberster Minister Haman will alle Juden in deinem Reich vernichten, und ich bitte dich, lieber Mann: Laß das nicht zu! Und sie erzählte ihm alles, was Haman angedroht und daß er auf dem Marktplatz einen hohen Galgen errichtet hatte.

Da sagte der König: Was für ein böser Mensch ist er! Er soll selber an dem hohen Galgen hängen. Den Juden aber soll kein Leid geschehen. Da küßte Ester den König, lief zu Mordechai, ihrem Onkel, und berichtete ihm und allen Juden, die zusammengetrieben worden waren, daß ihnen kein Leid geschehen werde.

Die Juden aber jubelten dem König zu, der auf der Treppe seines Palastes stand, und dankten ihm. Sie feierten vor Gott, dem Herrn, ein Freudenfest, weil er sie durch Königin Ester vor dem sicheren Tod errettet hatte. – Bis auf den heutigen Tag wird im Land Israel und auf der ganzen Welt, überall, wo Juden leben, alljährlich dieses Freudenfest gefeiert. Man nennt es Purim-Fest.

Daniel vertraut auf Gott

Im Lande Babel – dort, wo die Menschen einst den großen Turm bauen wollten – regierte ein mächtiger König. Er rüstete zum Krieg gegen Israel, eroberte die Hauptstadt Jerusalem und zerstörte den Tempel. Viele Israeliten wurden gefangengenommen und nach Babel verschleppt; man nannte die Israeliten damals Juden. Einer der verschleppten Juden war Daniel.

Daniel war ein schöner und kluger Mann, der dem König gut gefiel. Darum holte er ihn an seinen Hof und machte ihn zu seinem Berater. Manchmal, wenn der König nachts geträumt hatte, rief er die Gelehrten seines Reiches zu sich und forderte sie auf, seine Träume zu deuten. Doch nur Daniel konnte die Träume des Königs deuten, niemand sonst. Da waren die Gelehrten eifersüchtig, und sie hielten Rat, wie man Daniel, den Juden, ums Leben bringen könnte.

Sie traten vor den König und sprachen: Hast du nicht gesagt, alle Menschen in deinem Reich sollen das goldene Götterbild anbeten, das du aufgestellt hast, zum Zeichen, daß sie dir gehorsam sind? Nun haben wir erfahren, daß die Juden, die bei uns in der Gefangenschaft leben, dieses Gebot nicht erfüllen. Schreibe also das Gebot, das du ausgesprochen hast, in ein Buch. Dann werden wir mit dem Buch in der Hand im ganzen Reich umhergehen, dein Gebot laut vorlesen und darauf achtgeben, wer es erfüllt und wer nicht. Da tat der König, was die Gelehrten sagten, und schrieb das Gebot in einem Buch auf.

Also gingen die Gelehrten hin und lasen in allen Städten vor, was der König geboten hatte: Jeder muß sich vor dem goldenen Götterbild niederwerfen! Keiner darf einen anderen Gott anbeten! Als Daniel das hörte, ging er betrübt vom Königshof weg und zog sich in das Haus zurück, in dem er wohnte.

Am Abend trat Daniel ans Fenster und schaute hinaus in die Nacht. Er weinte und sprach: Dort hinten, weit hinter den Bergen, liegt Jerusalem. Dort stand der Tempel, dort hat Gott mitten unter uns gewohnt. Gott, mein Gott! Höre mich und hilf mir! Auch am folgenden Tag betete Daniel, morgens, mittags und abends, und schaute aus dem Fenster in die Richtung, in der Jerusalem lag.

Die Gelehrten aber beobachteten heimlich, was Daniel tat. Sie gingen zum König und sprachen: Was soll mit einem Mann geschehen, der dein Gebot mißachtet? Der König antwortete: Er soll in die Löwengrube geworfen werden. Da sagten sie: Es ist Daniel! Wenn du ein strenger und gerechter König sein willst, mußt du ihn in die Löwengrube werfen. Da wurde der König traurig, denn er liebte Daniel sehr.

Die Gelehrten drängten den König und sprachen: Rasch! Handle nach dem Gebot, das du verkündet hast! Es gilt für alle, auch für Daniel, deinen Freund. Da gab der König nach. Sie holten Daniel ab; als sie mit ihm an der Löwengrube ankamen, sprach der König: Möge dein Gott, dem du die Treue gehalten hast, dich behüten! Darauf warfen sie Daniel in die Grube, und der König verschloß den Eingang mit einem Stein. Dann kehrte er in seinen Palast zurück, aß nichts, trank nichts, sprach mit keinem und fand die ganze Nacht keinen Schlaf.

Früh am Morgen, als eben die Sonne aufging, erhob sich der König und eilte zur Löwengrube. Von weitem rief er: Daniel, du Diener des lebendigen Gottes: Wie geht es dir? Hat dein Gott dich vor den Löwen errettet? Daniel rief zurück: O König! Mein Gott hat seinen Engel gesandt, der hat die Mäuler der Löwen verschlossen.

Da freute sich der König. Er befahl, den Stein wegzuwälzen und Daniel aus der Löwengrube herauszuziehen. Als man ihn anschaute, fand man nicht die geringste Verletzung an ihm. Der König aber ließ die Männer herbeiholen, die Daniel verraten und ausgeliefert hatten, und er warf sie den Löwen zum Fraß vor. Noch am selben Tag schrieb er an alle Völker der Erde: Hiermit ordne ich an, daß in meinem Reich der Gott Daniels verehrt werden soll. Er allein ist der Gott des Lebens.

Jona im Fisch

Im Osten lag eine andere große Stadt, sie hieß: Ninive. Die Menschen in Ninive waren böse und taten viel Unrecht. Darum sprach Gott zu einem Mann mit Namen Jona: Geh nach Ninive und verkünde, daß ich die Stadt vernichten werde! Sie soll untergehen, denn die Schlechtigkeit der Leute von Ninive ist bis zu mir in den Himmel heraufgedrungen.

Jona aber fürchtete sich und lief fort vor Gott. Er ging zum Hafen, um auf einem Schiff zu entfliehen, bis zum Ende der Welt. Er fand ein Schiff, bezahlte das Fahrgeld und ging an Bord.

Als sie auf dem Meer waren, kam ein gewaltiger Sturm. Das Schiff schwankte hin und her und drohte auseinanderzubrechen. Die Matrosen zitterten vor Angst und riefen ihre Götter um Hilfe an. Der Kapitän befahl: Werft die Kisten und Säcke, die wir an Bord haben, ins Meer, damit das Schiff leichter wird und nicht untergeht! Jona merkte von all dem nichts; er hatte sich im untersten Raum des Schiffes hingelegt und schlief fest.

Da weckte der Kapitän den Jona und sprach: Mann! Wie kannst du schlafen? Steh auf und rufe deinen Gott an! Wir haben schon alle unsere Götter vergebens angerufen; vielleicht kann dein Gott uns helfen.

Die Matrosen aber sprachen zueinander: Wir wollen das Los werfen, um herauszufinden, wer an unserem Unglück schuld ist! Sie warfen das Los, und es fiel auf Jona. Da sprachen sie: Sag uns, wer du bist und welchen Gott du verehrst!

Jona antwortete: Ich bin ein Jude und heiße Jona. Ich verehre den Gott, dessen Name Ich-bin-da-für-euch ist. Sie fragten ihn: Wer ist das? Jona sprach: Es ist der Gott des Himmels, der das Meer und das Land erschaffen hat. Da sprachen die Matrosen: O weh! Der Gott des Himmels, der das Meer und das Land erschaffen hat, zürnt uns! Was sollen wir machen?

74

Jona antwortete: Nehmt mich und werft mich ins Meer, denn durch meine Schuld ist der Seesturm gekommen. Da riefen die Matrosen: Gott des Jona, Gott des Himmels und der Erde, laß uns nicht untergehen! Verzeih uns, was wir jetzt tun werden! Dann packten sie Jona und warfen ihn ins Meer, und sofort hörte das Meer auf zu toben.

Gott aber schickte einen großen Fisch, der Jona verschlang. Jona blieb heil und unverletzt und war drei Tage und drei Nächte im Bauch des Fisches. Er betete zu Gott und sprach: Höre mein Rufen, Herr, mein Gott! Bitte, hol mich lebendig herauf aus diesem Grab!

Da befahl Gott dem Fisch, Jona ans Land zu speien. Jona dankte Gott und machte sich auf den Weg nach Ninive. Die Leute von Ninive hörten auf Jona und bereuten ihre Bosheit. Da schonte Gott die Stadt und ließ Ninive nicht untergehen.

Lieder aus dem Alten Testament

David war nicht nur ein großer König, er war auch ein Dichter und Sänger. Die Gebete, die er gedichtet hat, nennt man Psalmen. Einer dieser Psalmen ist der »Hirtenpsalm«. Vielleicht hat sich David, als er diesen Psalm schrieb, daran erinnert, daß er als Knabe ein Schaf-Hirt gewesen war und daß Gott wie ein Hirt für ihn gesorgt und ihn geführt hat alle Tage seines Lebens. Das Lied des David geht so:

Der Herr ist mein Hirt, nichts wird mir fehlen.
Er läßt mich lagern im grünen Gras,
Er führt mich ans Wasser, erfrischt mich,
Er leitet mich auf allen meinen Wegen:
Ich-bin-da ist sein Name.

Manchmal muß ich durch Finsternis gehen, durch Nacht,
Doch ich hab keine Angst vor dem Dunkel,
Ich fürchte mich nicht vor dem Bösen,
Ich weiß, du gehst mit, du bist bei mir:
Ich-bin-da ist dein Name.

Du deckst mir den Tisch, du gibst mir zu essen,
Mag ich auch Feinde haben, die mir's nicht gönnen.
Du hast mich gesalbt, du füllst mir den Becher,
Mit Güte und Liebe gehst du mir nach:
Ich-bin-da ist dein Name.

Noch viele andere Psalmen hat König David gedichtet. Nach ihm haben dann immer wieder Dichter es ihm nachgetan, König Salomo zum Beispiel, und manche andere, deren Namen man nicht weiß. Die Juden haben die Psalmen im Tempel gesungen, zu Hause und draußen. Sie haben sie am Werktag gesungen, am Sabbat und an den großen Festen. Auch die Christen beten und singen Psalmen in ihrem Gottesdienst.

Du kennst mich, Herr, du weißt von mir,
Ob ich sitz oder stehe, ruh oder gehe –
Du weißt es, du kennst meine Wege,
Behütet bin ich in deiner Hand.

Du umarmst mich, o Herr, wie Vater und Mutter,
Du hebst deine Hand, und ich bin geschützt.
Deine rechte Hand nimmt meine linke Hand,
Hand in Hand geh ich mit dir bis ans Ende der Welt.

Als ich noch nicht geboren war, kanntest du mich,
Du hast gesehen, wie ich in meiner Mutter wuchs.
Du hast mich wachsen lassen von Anfang an,
Ich bin dein – du bist mein, für immer und ewig.

Lobe den Herrn, meine Seele!
Herr, mein Gott, wie groß bist du!
Prächtig bist du gekleidet, in Licht gehüllt,
Wie unterm Zeltdach wohnst du im Himmel.

Alles hast du erschaffen, Herr, mein Gott,
Du hast die Erde gemacht,
Die Berge, die Täler,
Die Bäume hast du gemacht,
Die Tiere: Fische und Vögel,
Vierfüßler, die über die Erde laufen.
Die Menschen hast du erschaffen,
Männer und Frauen und Kinder.
Wie zahlreich und bunt,
Wie gut und wie schön ist das alles!

Dem Herrn will ich singen
So lange ich lebe,
Ich will ihm danken: Mit Tanz und Musik,
Gedichte will ich ihm dichten, Gedichte und Lieder,
Aufstehen will ich und rufen:
Herr, mein Gott, Halleluja, wie groß bist du!
Lobe den Herrn, meine Seele!

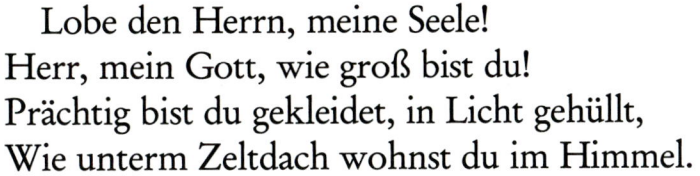

Aus dem
Neuen Testament

Gottes Sohn wird Mensch

Als die alte Zeit erfüllt und die neue Zeit nahe war, sandte Gott den Engel Gabriel in ein Dorf mit Namen Nazaret, im Lande Galiläa. Dort wohnte eine junge jüdische Frau, die verlobt war mit einem Mann, der Josef hieß. Die junge Frau hieß Maria.

Der Engel trat zu Maria ins Haus, grüßte sie und sprach: Gott ist mit dir! Maria erschrak, doch der Engel sagte: Du brauchst nicht zu erschrecken, Maria. Fürchte dich nicht! Ich habe dir eine frohe Botschaft von Gott zu verkünden: Du wirst ein Kind bekommen, einen Sohn, dem sollst du den Namen Jesus geben. Die Leute werden ihn später »Sohn des Allerhöchsten« nennen, »Den Heiligen« und »Den Herrn des Hauses David«.

Maria verstand nicht, was der Engel meinte. Sie fragte: Wie soll das geschehen, ein Kind, einen Sohn? Vielleicht von Josef? Das ist unmöglich, denn ich bin nicht mit Josef verheiratet, und wir leben nicht zusammen.

Der Engel antwortete: Für Gott ist nichts unmöglich. Er wird mit seinem Geist und seiner Kraft über dich kommen, sanft und wohl, wie ein Schatten am Sommertag.

Da sagte Maria zum Engel: Wenn es so ist, wie du sagst, dann soll es geschehen. Ich will dem Herrn, meinem Gott, dienen.

Als der Engel von ihr gegangen war, später, ging Maria zu ihrer Tante Elisabet und jubelte: Hochgelobt sei Gott, der Herr! Ich, ich darf die Mutter von Jesus werden! Mich hat der Herr berühmt gemacht, denn Großes hat er an mir getan. Von mir werden die Menschen erzählen in allen künftigen Zeiten!

Die Geburt Jesu

Neun Monate danach wurde überall ausgerufen: Jeder muß in die Stadt gehen, aus der er stammt, und sich aufschreiben lassen! Der Kaiser will die Menschen zählen, die zu seinem Reich gehören und ihm Steuern zahlen müssen. Da gingen Josef und seine Frau Maria nach Betlehem, um sich aufschreiben zu lassen.

Als sie in Betlehem angekommen waren, suchten sie in der Herberge ein Zimmer zum Übernachten. Aber es war kein Platz. So mußten sie draußen bleiben, vor der Stadt, auf den Feldern, wo in Höhlen und Ställen die Schafe ihre Futterkrippen hatten. Die Nacht war kalt und ringsum war Finsternis. Da geschah es: Maria gebar ihr Kind, ihren Sohn Jesus. Sie wickelte ihn in Windeln und legte ihn in eine Futterkrippe, auf Heu und auf Stroh. So kam Gottes Sohn in die Welt, nicht im Königspalast zu Jerusalem, sondern in einem Stall – in Armut und Niedrigkeit.

Auf den Feldern von Betlehem lagerten Hirten und hielten Wache bei ihren Herden. Plötzlich strahlte vom Himmel her ein Licht, und ein Engel des Herrn trat aus dem Licht auf sie zu. Die Hirten fürchteten sich und wollten sich verstecken, doch der Engel sprach: Fürchtet euch nicht! Ich verkünde euch eine große Freude, eine Freude für euch und alle Menschen:

Jesus Christus ist geboren!

Geht, sucht, ihr werdet ein Kind finden, in einer Futterkrippe, in Windeln gewickelt: Das ist er, der Herr, euer Retter! Während er noch redete, waren in dem Licht viele Engel, eine große himmlische Heerschar. Sie lobten Gott und sangen: Ehre sei Gott in der Höhe! Friede sei den Menschen auf der Erde! Dann kehrten die Engel in den Himmel zurück.

Da standen die Hirten auf und sagten zueinander: Gehen wir nach Betlehem, um zu sehen, was Gott uns kundgetan hat! Sie eilten und fanden Maria und Josef und das Kind, das in der Krippe lag. Als sie es sahen, erzählten sie, was der Engel ihnen über das Kind gesagt hatte: Daß es der Herr wäre, der Christus, der Retter. Maria und Josef staunten, und Maria bewahrte die Worte der Hirten in ihrem Herzen.

Die Hirten kehrten zu ihren Schafen zurück. Bis zum Morgen blieben sie wach, aufgeregt, sie sangen vor Freude und dankten Gott für alles, was sie gehört und gesehen hatten.

Sterndeuter verehren
den neugeborenen König

Der König Herodes ahnte nichts von dem, was in Betlehem geschehen war und was Gott den Hirten kundgetan hatte. Eines Morgens standen Männer vor dem Tor seiner Burg. Sie waren aus dem Orient gekommen – Weise, Magier, Sterndeuter. Sie sprachen zu Herodes: Wir haben einen Königs-Stern aufgehen sehen im Orient, der hat uns hierher geführt. Ist vielleicht hier in Jerusalem, ist in deiner Burg ein Königssohn geboren worden? Wir sind gekommen, um vor ihm niederzuknien.

Da erschrak Herodes und rief seine Ratgeber zusammen. Die Ratgeber sagten: Das kann nur in Betlehem geschehen sein. Denn so steht es in unseren Büchern: Aus Betlehem wird ein König kommen, der ist der Hirt des Volkes Israel.

Als Herodes das hörte, bat er die Magier zu sich und sprach: Ihr lieben Männer, reist nach Betlehem. Denn nicht hier, sondern dort müßt ihr nach dem Kind suchen. Wenn ihr es gefunden habt, dann kommt zu mir zurück und berichtet es mir. Dann will auch ich hingehen und mich vor dem Königskind niederwerfen.

Da verabschiedeten sich die Magier und verließen die Stadt. Und siehe, der Stern, den sie im Orient gesehen hatten, zog vor ihnen her und zeigte ihnen den Weg. Über dem Haus, in dem das Kind war, blieb er stehen.

Da gingen die Männer hinein und sahen Jesus, den Herrn, und Maria, seine Mutter. Sogleich verbeugten sie sich tief und fielen nieder auf die Knie. Sie boten Jesus Geschenke an: goldenen Schmuck, Räucherkörner und eine kostbare Salbe, die nach den Blüten des Orients duftete.

Nachts träumten die Magier von einem Engel, der sprach: Der listige König Herodes will das Jesuskind ergreifen und töten! Da beschlossen sie, nicht über Jerusalem, sondern auf einem anderen Weg in ihre Heimat zurückzukehren.

Jesus im Haus seines Vaters

Jesus wuchs heran und wohnte mit seiner Familie in Nazaret. Einmal im Jahr reisten seine Eltern nach Jerusalem, um mit den vielen anderen Juden im Tempel das Pascha-Fest zu feiern. Sie gingen mit ihrem Esel, wie es damals üblich war, den langen Weg zu Fuß, mehr als hundert Kilometer über Berg und Tal. Als Jesus zwölf Jahre alt geworden war, durfte er zum erstenmal die Wallfahrt nach Jerusalem mitmachen. Herodes war inzwischen gestorben.

In den Höfen des Tempels drängten sich viele Tausend Menschen. Für den kleinen Jesus gab es jeden Tag etwas Neues zu sehen und zu hören, es waren aufregende Tage. Nachdem das Pascha-Fest vorüber war, machten sie sich auf den Heimweg. Jesus aber blieb in Jerusalem zurück, ohne daß seine Eltern es merkten. Sie meinten, er marschiere irgendwo mit bei den anderen Kindern. Am Abend suchten sie ihn, am folgenden Morgen, drei Tage lang suchten sie ihn. Endlich fanden sie ihn: Er saß im Tempel, mitten unter den Lehrern. Er hörte den Lehrern zu und stellte ihnen Fragen, und alle staunten.

Maria ging auf ihn zu und rief: Kind! Warum hast du das getan? Dein Vater und ich haben dich gesucht in großer Angst! Jesus sprach: Warum habt ihr mich gesucht? Wußtet ihr nicht, daß ich hier sein muß? Daß der Tempel das Haus meines Vaters ist? Das verstanden sie nicht; sie schimpften mit ihm, doch sie waren froh, daß sie ihn gefunden hatten. Maria und Josef nahmen ihn bei der Hand, und sie gingen zusammen nach Nazaret zurück.

Jesus läßt sich taufen

In Israel, am Ufer des Jordanflusses, stand ein Mann, der trug ein Gewand aus Kamelhaaren um die Schultern und einen ledernen Gürtel um die Hüften. Er lebte einfach und arm: Er sog Honig aus den Waben der wilden Bienen, fing Wanderheuschrecken, röstete sie auf dem Feuer und aß sie. Der Mann hieß Johannes und war ein Prophet.

Johannes rief: Ich bin ein Bote Gottes! Ich mache den Weg bereit für einen Größeren, der nach mir kommt! Da eilten viele Leute herbei, um zu hören, was Johannes ihnen zu sagen hatte. Er sagte: Laßt ab von euren Sünden! Ändert euer Leben! Laßt euch taufen!

Die Leute fragten ihn: Was sollen wir denn tun? Johannes antwortete: Wer zwei Anzüge hat, gebe einen davon dem, der keinen hat; wer zwei Kleider hat, gebe eines davon her. Wer zu essen hat, soll mit dem teilen, der hungert.

Als die Leute das hörten, legten viele ihre Kleider ab und stiegen in das Wasser, um sich von Johannes untertauchen zu lassen. Sie sagten nämlich: So wie Wasser rein wäscht vom Schmutz, so wollen wir in unseren Herzen rein werden und frei von allem Bösen. Auch Jesus war bei den Leuten, die sich von Johannes taufen ließen.

Als Johannes ihn sah, rief er: Du willst dich von mir taufen lassen? Du, der du nichts Böses getan hast? Eher müßte ich von dir getauft werden, als du von mir. Doch Jesus sagte: Schon gut, Johannes. Laß es nur geschehen. Da wurde Johannes still und taufte ihn.

Als Jesus aus dem Wasser stieg, sah er, wie sich der Himmel teilte und der Geist Gottes auf ihn herabkam, schön und lieblich, wie eine Taube des Friedens. Und er hörte die Stimme Gottes, seines Vaters, die sprach: Mein Sohn! Du mein geliebter Sohn!

Jesus gibt den Menschen zu essen

Von da an ging Jesus durch das Land und sprach zu den Leuten: Mein Vater im Himmel hat euch lieb. Er will, daß es euch gut geht: Er will euer Heil. Diese gute und frohe Botschaft hörten die Leute gern. Zuerst ging Jesus an den See Gennesaret, im Land Galiläa, wo die Fischer mit ihren Netzen waren, und sagte zu ihnen: Kommt mit mir! Helft mir, in den Städten und Dörfern die frohe Botschaft zu verkünden! Da legten die Fischer ihre Netze beiseite und gingen mit Jesus. Sie wurden seine Freunde. Auch andere Männer, die nicht Fischer waren, schlossen sich Jesus an. Man nannte sie Apostel, das heißt: Ausgesandte.

Einmal fuhr Jesus mit den Aposteln über den See. Viele Leute, die Jesus hören und sehen wollten, liefen den Uferweg entlang, und als das Boot am anderen Ufer anlegte, waren es an die Fünftausend, die auf Jesus und die Apostel warteten.

Jesus sagte zu ihnen: Setzt euch ins Gras. Dann predigte er zu ihnen, laut, daß alle ihn hören konnten, und lange, bis es Abend wurde.

Da sagte Jesus zu den Aposteln: Es ist spät geworden, die Leute haben Hunger. Ich kann sie so nicht wegschicken. Also denn, gebt ihnen zu essen. Die Apostel antworteten: Wie sollen wir ihnen zu essen geben? Einer, der Andreas hieß, sagte: Es ist zwar ein Kind hier, das hat ein paar Brote und einige Fische, aber was ist das für so viele? Jesus rief das Kind zu sich, nahm die Brote und die Fische, blickte zum Himmel, sprach ein Dankgebet, segnete die Brote und die Fische und ließ sie austeilen.

Die Leute nahmen und aßen und wurden satt. Da sagte Jesus: Sammelt die Krumen auf, die beim Teilen und Essen ins Gras gefallen sind! Sie taten es und sammelten zwölf Körbe voll mit übriggebliebenen Resten.

Gott ist uns in Jesus nahe

Danach sprach Jesus zu den Aposteln: Steigt in das Schiff und fahrt nach Hause. Ich will mich inzwischen von den Leuten verabschieden. Nachdem Jesus die Leute heimgeschickt hatte, stieg er auf einen Berg, nahe beim See, um allein zu seinem Vater zu beten.

Als die Apostel mit ihrem Schiff mitten auf dem See waren, kam plötzlich ein Wind auf. Sie hatten große Mühe beim Rudern und kamen nicht an gegen den starken Sturm. Das Schiff wurde von den Wellen hin- und hergeworfen, viele Stunden lang. Der Morgen graute schon; da kam Jesus zu ihnen, er ging auf dem See. Als die Apostel ihn sahen, schrien sie vor Angst.

Jesus aber winkte ihnen zu und rief: Habt keine Angst! Habt Vertrauen! Ich bin es! Ich, Jesus! Da sagte Petrus, einer von den zwölf: Herr, wenn du es bist, dann laß mich zu dir übers Wasser kommen! Jesus sagte: Nun, dann komm.

Da stieg Petrus aus dem Schiff und begann, auf dem Wasser zu Jesus hinüberzugehen. Als ihm aber der heftige Wind ins Gesicht blies und er die hohen Wellen sah, bekam er Angst und schrie: Herr! Jesus! Schnell! Rette mich, ich gehe unter! Jesus streckte ihm die Hand entgegen und sprach: Warum hast du gezweifelt? Hättest du geglaubt, wärst du nicht untergegangen.

Sodann stieg Jesus zu ihnen ins Schiff, und Wind und Meer hörten auf zu toben. Da verneigten sich die Zwölf vor Jesus, ihrem Freund, knieten nieder und sprachen: Wahrhaftig, Herr, du bist der Sohn Gottes!

In der Herrlichkeit Gottes

Jesus zog mit seinen Aposteln weiter durch das Land. Eines Tages nahm er drei von ihnen beiseite, Petrus, Johannes und Jakobus, und stieg mit ihnen auf einen Berg, um zu beten. Die drei waren müde und schliefen ein.

Während Jesus betete, veränderte er sich: Sein Gesicht begann zu leuchten, hell, wie die Sonne, und hell wurden auch seine Kleider, weiß, wie Licht, wie Schnee, wie das weiße Kleid einer Braut. Und zwei Männer traten zu Jesus hinzu, zur Rechten und zur Linken, das waren die Propheten Mose und Elija. Sie redeten mit ihm über das, was in Jerusalem geschehen würde: Daß Jesus leiden und sterben müsse und daß er am dritten Tage auferstehen werde.

Da wachten Petrus, Johannes und Jakobus auf und sahen den verklärten Herrn, und bei ihm die Propheten Mose und Elija. Petrus rief: Wie schön! Wie gut! Hier wollen wir bleiben! Geht nicht fort, ihr Herren, wir wollen auf dem Berg drei Hütten für euch bauen.

Da zog eine leuchtend weiße Wolke über den Berg und hüllte sie ein. Aus der Wolke hörten sie eine Stimme – wie sie schon Jesus gehört hatte, als Johannes ihn taufte: Das ist mein geliebter, auserwählter Sohn! Auf ihn sollt ihr hören!

Die Apostel fürchteten sich, warfen sich zu Boden und bedeckten ihre Augen. Jesus aber faßte sie an und sagte: Habt keine Angst. Steht auf. Es ist vorüber. Als sie aufblickten, sahen sie nur noch Jesus allein. Er stieg mit ihnen den Berg hinab und sagte: Erzählt keinem, was ihr gesehen habt; vielleicht später, wenn ich von den Toten auferstanden bin.

Die Erzählung vom Samariter

Darauf kam ein Lehrer zu Jesus und fragte: Was muß ich tun, um nach meinem Tod das ewige Leben zu haben? Jesus fragte zurück: Weißt du nicht, was darüber in der Bibel steht? Der Lehrer antwortete: Ja, doch. Du sollst den Herrn, deinen Gott, von Herzen lieben. Du sollst auch deinen Nächsten lieben, wie dich selbst. Jesus sprach: Tu das, und du wirst das ewige Leben haben. Der Lehrer fragte: Aber wer ist das, mein Nächster? Da erzählte Jesus ihm eine Geschichte:

Ein Mann ging von Jerusalem nach Jericho und wurde von Räubern überfallen. Sie nahmen ihm alles ab, zogen ihm die Kleider aus und schlugen ihn nieder. Dann gingen sie weg und ließen ihn halbtot liegen. Zufällig kam ein Priester denselben Weg. Er sah ihn liegen und ging weiter. Auch ein Hilfs-Priester, ein Levit, kam an der Stelle vorbei. Er sah ihn und ging vorüber.

Schließlich kam ein Mann aus Samarien, der auf der Reise war. Als er den Verletzten sah, hatte er Mitleid. Er beugte sich zu ihm hinunter, träufelte Öl in seine Wunden, wusch das Blut mit Wein ab und verband ihn. Dann hob er ihn auf seinen Esel und brachte ihn in eine Herberge. Dort blieb er die Nacht über bei ihm und tröstete ihn. Am Morgen holte er sein Reisegeld aus der Tasche, gab dem Wirt davon und sagte: Sorge du für ihn, ich muß weiter. Auf der Rückreise komme ich wieder vorbei, und wenn du mehr Geld für ihn ausgelegt hast, gebe ich es dir.

Jesus fragte den Lehrer: Was meinst du, wer von den Dreien hat den Geschlagenen wie seinen Nächsten behandelt? Der Lehrer antwortete: Der Mann aus Samarien; denn er war barmherzig und hat ihm geholfen. Da sprach Jesus zu ihm: So sei auch du barmherzig und bemühe dich zu helfen, wo du gebraucht wirst.

Der Einzug in Jerusalem

Sie wanderten weiter, und als sie in die Nähe von Jerusalem kamen, schickte Jesus zwei von seinen Aposteln voraus und sprach: Geht in das Dorf, das vor uns liegt. Ihr werdet ein Fohlen finden, das Junge einer Eselin, auf dem noch nie jemand geritten ist. Bindet es los und bringt es zu mir. Wenn euch einer fragt: Was macht ihr da? dann antwortet: Der Herr braucht es, er schickt es gleich wieder zurück.

Da gingen sie in das Dorf und fanden das Fohlen; es war an der Tür eines Hauses angebunden. Sie banden es los, und sogleich kamen Leute, die sagten: Wie kommt ihr dazu, das Tier loszubinden, das euch nicht gehört? Sie antworteten: Der Herr braucht es, er schickt es gleich zurück. Da sagten die Leute zueinander: Der Herr? Lassen wir sie gewähren.

Sie brachten das Fohlen zu Jesus, legten einen Mantel darauf und halfen Jesus beim Aufsteigen. So ritt er auf Jerusalem zu. Die Apostel folgten ihm, und viele Kinder und Große liefen vor ihnen her.

Sie rissen Grasbüschel ab, schnitten Zweige von den Bäumen und streuten sie auf die Straße. Andere breiteten ihre Kleider aus, und Jesus ritt über die Kleider und die Zweige und das Gras. Als sie die Stadt erreichten, lobten alle Gott, freudig und mit lauter Stimme:

Gepriesen sei Jesus, der da kommt im Namen des Herrn! Der König kommt! Ein König, stark und mächtig, wie einst unser König David war! Hosanna in der Höhe!

Die Leute kamen aus ihren Häusern und fragten: Wer ist das? Man antwortete ihnen: Das ist der Prophet Jesus von Nazaret.

Einige Männer – Führer des Volkes – standen am Straßenrand und sagten: Jesus! Was soll das! Bring die Leute zum Schweigen! Jesus aber ritt an ihnen vorbei und sprach: Wenn die Leute schweigen, werden die Pflastersteine singen. Da sagten die Führer des Volkes zueinander: Wie können wir diesen Mann beseitigen?

Abschied von den Freunden

Als sie in Jerusalem waren, kam die Zeit des Pascha-Festes. Am Pascha-Fest erinnerten sich die Juden daran, daß Gott sie einst aus Ägypten befreit und im Schilf-Meer von den Feinden errettet hatte. Alle jüdischen Familien hielten am ersten Abend der Pascha-Woche ein feierliches Mahl mit Brot und Wein; sie aßen ein Lamm, sie beteten und sangen und freuten sich. Auch Jesus, der wie alle seine Freunde und Freundinnen ein Jude war, schickte zwei von ihnen in die Stadt; sie sollten ein Haus mit einem Saal suchen, groß genug, um mit den zwölf Aposteln das Abendmahl halten zu können. Sie gingen hin, mieteten bei einem Mann einen Speisesaal und schmückten ihn mit Lampen und blühenden Zweigen. Auch richteten sie alles für den Tisch her und besorgten, was zum Essen und Trinken und Feiern nötig war.

Als es Abend wurde, kam Jesus mit den zwölf Aposteln, und sie ließen sich rings um den Tisch nieder.

Während sie aßen und tranken, stand Jesus auf, holte Wasser, band sich ein Tuch um und begann, den Aposteln die Füße zu waschen. Sie waren verwirrt und fragten: Herr, warum tust du das? Ist das nicht Arbeit für Diener und Knechte? Da sagte Jesus: Was ich tue, soll euch ein Zeichen sein. Ich will euch zeigen, daß ihr nicht meine Knechte seid, sondern meine Freunde. Wie ich euch die Füße gewaschen habe, so sollt auch ihr einander die Füße waschen. Denn auch bei euch soll nicht einer der Herr über den anderen sein. Vielmehr soll der eine dem anderen helfen, mit dem andern teilen und den andern lieben. Heute gebe ich euch ein neues Gebot: Liebet einander, wie ich euch geliebt habe.

Danach nahm Jesus ein Brot, sprach den Segen und brach das Brot in
Stücke. Er gab jedem davon und sprach: Nehmt und eßt, das ist mein
Leib, der für euch hingegeben wird. Dann nahm er den Becher mit
Wein, der vor ihm stand, hob ihn empor und sprach das Dankgebet. Er
reichte den Aposteln den Becher und sprach: Nehmt und trinket alle daraus, das ist mein Blut, das für euch und für alle vergossen wird. Jedesmal,
wenn ihr von nun an zusammenkommt und Abendmahl haltet, sollt ihr
es tun zum Andenken an mich. – Judas aber, einer von den Zwölfen,
ging hinaus, um Jesus an seine Feinde, die Führer des Volkes, zu verraten. Es war Nacht.

Verraten und gefangen

Nach dem letzten Abendmahl gingen sie hinüber zu einem Garten, Ölgarten oder Getsemani mit Namen. Am Tor sprach Jesus zu ihnen: Wartet hier, ich will in den Garten Getsemani gehen und beten. Er nahm Petrus, Johannes und Jakobus mit hinein und sagte zu ihnen: Ich bin zu Tode betrübt. Bleibt hier sitzen, schlaft nicht ein, sondern wacht mit mir. Dann ging er ein Stück weiter, warf sich auf den Boden und betete: Mein lieber Vater im Himmel! Für dich ist nichts unmöglich – kannst du nicht machen, daß dieser Kelch an mir vorübergeht, daß ich nicht leiden und sterben muß? Doch er fügte sogleich hinzu: Es soll aber nicht geschehen, was ich will, sondern was du willst! So betete er dreimal. Jesus hatte Angst vor dem Tod; er zitterte und schwitzte so sehr, daß sein Schweiß zu Boden rann, wie Blutstropfen.

Als er zu Petrus, Johannes und Jakobus zurückkehrte, lagen sie da und schliefen. Jesus sprach: Konntet ihr nicht eine einzige Stunde mit mir wachen? Sie schämten sich und wußten nicht, was sie antworten sollten. Da sagte Jesus: Schon gut. Steht auf, wir wollen gehen.

Während er noch redete, kam Judas mit einer Schar Männer, Häscher, die Jesus verhaften sollten. Sie waren geschickt worden von den Führern des Volkes. Judas hatte zu ihnen gesagt: Damit ihr Jesus unter seinen Freunden im Dunkeln erkennen könnt, werde ich auf ihn zugehen, ihn umarmen und küssen. So tat er; er ging auf Jesus zu, umarmte ihn und sagte: Guten Abend, lieber Meister! und küßte ihn. Da riefen die Häscher: Das ist das Zeichen! Auf! Sie erhoben ihre Schwerter und Stöcke und drangen auf Jesus ein. Die Apostel sagten: Sollen wir uns wehren? Sollen auch wir unsere Schwerter ziehen und dreinschlagen? Und einer holte schon sein Schwert unter dem Mantel hervor und schlug einem der Häscher ein Ohr ab. Jesus aber sprach: Laßt das sein! Tu dein Schwert weg! Ich will keine Gewalt! Da flohen die Apostel und rannten weg. So stand Jesus da, allein, von allen Freunden verlassen.

Er sprach: Mit Schwertern und Stöcken seid ihr gekommen, um mich zu fangen, wie einen Verbrecher. War ich nicht jeden Tag auf den Straßen und Plätzen, habe ich nicht vor euch im Tempel gepredigt? Warum fallt ihr heimlich über mich her, in der Nacht? Doch sie hörten ihm nicht zu, fesselten ihn und führten ihn ab in das Gerichts-Haus.

Judas bekam 30 Silbermünzen dafür, daß er Jesus verraten hatte. Das Geld brannte ihm in den Händen, und er dachte: Ob das, was ich getan habe, wohl richtig war?

Der Tod des Herrn am Kreuz

Die Führer hatten das Volk aufgewiegelt; dieselben Leute, die noch vor kurzem gerufen hatten: Hosanna! Heil unserm König!, standen jetzt vor dem Gerichts-Haus und riefen: Tötet ihn! Kreuzigt ihn!

Man brachte Jesus zu Pilatus. Er war der Stellvertreter des römischen Kaisers und sollte über Jesus richten. Während das Gericht sich beriet, stand Jesus im Gefängnishof und wartete. Da machten sich die Soldaten des Pilatus über ihn her: Sie rissen ihm die Kleider vom Leib und schlugen ihn mit Fäusten und Peitschen. Sie hängten ihm einen roten Mantel um, flochten eine Krone aus Dornen, setzten sie ihm auf den Kopf und schlugen mit Stöcken darauf. Einige spuckten ihm ins Gesicht, andere knieten vor ihm nieder und höhnten: Wir beten dich an, König der Juden!, und alle lachten.

Pilatus sprach: Was habt ihr gegen diesen Mann vorzubringen? Was hat er Böses getan? Die Leute antworteten: Er hat gesagt, er wäre der König der Juden. Er hat gesagt, er wäre der Sohn Gottes. Wer so etwas sagt, der lästert Gott. Pilatus gab den Anklägern nach und verurteilte Jesus zum Tode. Er sprach: Nehmt ihn und kreuzigt ihn.

Da holten die Henker ein Kreuz herbei, luden es Jesus auf die Schultern und trieben ihn zur Stadt hinaus. Vorne ging ein Mann mit einem Schild, darauf stand: Jesus von Nazaret, König der Juden. Viele Leute standen am Straßenrand und schauten zu; ein paar Frauen hatten Mitleid und weinten. Als die Henker sahen, daß Jesus immer schwächer wurde, zwangen sie einen Mann, der gerade von der Arbeit kam, Jesus das Kreuz tragen zu helfen.

So kamen sie zum Berg Golgota. Sie zogen Jesus die Kleider aus und verteilten sie untereinander. Dann kreuzigten sie ihn. Auch zwei Verbrecher wurden gekreuzigt, rechts und links von Jesus.

Die Apostel und die anderen Freunde von Jesus hatten Angst, und sie verbargen sich. Nur ein paar Frauen waren da und schauten von weitem zu. Einige Leute, die gekommen waren, um der Kreuzigung zuzuschauen, spotteten über Jesus und sagten: Ei, Herr König, anderen hast du geholfen – nun hilf dir selbst! Steig doch herab vom Kreuz! Wenn du das kannst, werden wir an dich glauben, du Sohn Gottes. Einer der Verbrecher, der mit Jesus gekreuzigt worden war, sagte: Herr, denk an mich, wenn du zu deinem Vater gehst, in den Himmel, in dein Reich! Jesus antwortete: Ja, das will ich tun.

Am Nachmittag, um drei Uhr, wurde plötzlich der Himmel dunkel. Die Sonne schien nicht mehr, die Vögel hörten auf zu singen, über das ganze Land legte sich eine Finsternis. Da betete Jesus: Mein Gott, mein Gott, warum hast du mich verlassen? Vor Durst klebt mir die Zunge im Mund, die Leute stehn da und gaffen mich an. Gott! Mein Gott! So rette mich doch!

Da lief einer der Henker und holte einen Schwamm, tauchte ihn in Essig, steckte ihn auf einen Stock und reichte ihn Jesus zum Trinken. Er sprach: Wir wollen sehen, ob Gott kommt und ihn rettet. Jesus aber schrie mit lauter Stimme, und starb.

Da bebte die Erde, alle erschraken und gingen voller Furcht nach Hause. Der Hauptmann aber, der die Kreuzigung geleitet hatte, rief aus: Wahrhaftig: Er war der Sohn Gottes!

Am Tag darauf gingen zwei Männer zu Pilatus und fragten: Dürfen wir Jesus vom Kreuz abnehmen und begraben? Pilatus gestattete es. Da gingen sie hin, nahmen den Leichnam vom Kreuz und legten ihn in den Schoß seiner Mutter. Maria weinte sehr über ihren toten Sohn. Die Männer wickelten den Leichnam in Leinentücher und trugen ihn auf den Friedhof. Dort war ein Grab, noch neu, eine steinerne Kammer, in die Wand des Felsens gehauen. Dorthinein legten sie Jesus und wälzten einen Stein vor den Eingang des Grabes.

Die Führer des Volkes aber sprachen: Wir wollen Wächter vor das Grab stellen, damit nicht seine Freunde kommen, den Leichnam stehlen und sagen: Jesus ist auferstanden!

Der Vater
erweckt Jesus zum Leben

Am dritten Tag danach, früh am Morgen, als eben die Sonne aufging, kamen Frauen und wollten den Leichnam des Herrn einsalben, wie es üblich war. Sie sprachen zueinander: Wer wird uns den Stein wegwälzen, der vor dem Eingang des Grabes liegt? Als sie aber am Grab ankamen, war der Stein weggewälzt. So konnten sie in das Grab hineingehen.

Da sahen sie einen Engel sitzen; er war mit einem weißen Gewand bekleidet. Die Frauen erschraken und fürchteten sich. Der Engel aber sprach: Ihr braucht nicht zu erschrecken, gute Frauen! Fürchtet euch nicht! Ihr sucht Jesus, der gekreuzigt worden ist – Gott hat ihn auferweckt. Sucht also nicht länger den Lebenden bei den Toten.

Da schauten die Frauen sich in der Grabkammer um und sahen die Stelle, an der Jesus gelegen, und die Tücher, mit denen man ihn bedeckt hatte. Der Engel sprach: Geht und erzählt den Aposteln, was ihr gehört und gesehen habt. Da eilten die Frauen zu den Aposteln und berichteten ihnen alles. Doch die Apostel glaubten ihnen nicht und sagten: Geschwätz! Nichts als Geschwätz.

Später aber erschien Jesus und zeigte sich ihnen. Da glaubten auch sie, daß Gott seinen Sohn Jesus von den Toten auferweckt hatte, und sie freuten sich sehr.

Gott sendet seinen heiligen Geist

Die Apostel hielten sich in einem Haus in Jerusalem versteckt. Sie gingen nicht hinaus auf die Straße, denn sie fürchteten sich vor den Führern des Volkes. Bei den Zwölfen waren noch andere Freunde von Jesus, auch Maria, seine Mutter, und einige Frauen – im ganzen waren sie Hundertzwanzig. Sie sprachen miteinander darüber, daß Jesus gestorben war und daß Gott ihn von den Toten auferweckt hatte, und sie beteten gemeinsam viele Tage lang.

Der Tag des Pfingstfestes kam. Da erhob sich plötzlich vom Himmel her ein Brausen, wie wenn ein gewaltiger Sturm über die Stadt dahinführe. Der Sturm rüttelte an dem Haus, in dem sie waren. Es war wie bei einem Gewitter:

Blitze fuhren auf sie herab, sie verzweigten und verteilten sich wie Zungen von Feuer. Da wurden sie erfüllt vom Heiligen Geist Gottes. Sie redeten in seltsamen, fremden Worten, wie es ihnen der Geist eingab.

In diesen Tagen waren viele Fremde in Jerusalem; sie liefen zusammen, als sie das Brausen des Sturms hörten und die Feuerflammen sahen, die vom Himmel fielen. Die Apostel kamen aus ihrem Versteck und sprachen mit den Fremden. Da sagten sie: Sind das nicht alles Männer aus Galiläa? Wie kommt es, daß wir verstehen, was sie sagen? Obwohl wir doch aus Afrika sind und aus Persien, aus Rom und aus Griechenland und verschiedene Sprachen sprechen?

Da trat Petrus vor und rief mit lauter Stimme: Das kommt, weil der Geist Gottes aus uns spricht! Hört nur, was wir euch zu sagen haben: Eure Führer und Pilatus, ihr habt Jesus getötet! Jesus, der euch Gutes gelehrt und viele Zeichen und Wunder bei euch getan hat! Gott aber hat ihn nicht im Reich der Toten gelassen, sondern ihn auferweckt am dritten Tage!

Das traf sie ins Herz. Sie sagten: Was sollen wir tun? Petrus sagte: Glaubt an Jesus und laßt euch taufen! Da meldeten sich viele, an die Dreitausend, und ließen sich taufen auf den Herrn Jesus Christus.

Von da an hatten die Apostel keine Angst mehr. Der Geist Gottes war mit ihnen und machte sie mutig und stark. Sie gingen durch Jerusalem, durch Samarien, durch das ganze Judenland, ja, bis an die Grenzen der Erde und sprachen von Jesus. Denn sie erinnerten sich, daß er zu ihnen gesagt hatte: Geht und verkündet das Evangelium an alle! Werbt Freunde für das Evangelium! Lehrt die Menschen alles, was ich euch gelehrt habe, und tauft sie: Im Namen des Vaters und des Sohnes und des Heiligen Geistes. Ich bin mit euch. Ich bin bei euch, bis ans Ende der Welt.

Jesus liebt die Kleinen

Einmal kamen die Freunde zu Jesus und fragten: Wer ist im Himmelreich der Größte? Da rief Jesus ein Kind und stellte es in die Mitte. Er sprach: Amen, ich sage euch: Wenn ihr nicht umkehrt und wie die Kinder werdet, könnt ihr nicht in das Himmelreich kommen. Wer so klein sein kann wie dieses Kind, der ist der Größte im Himmelreich.

Sollen denn die Menschen nicht wachsen und größer werden? Sollen sie, wenn sie schon groß und erwachsen sind, wieder »rückwärts wachsen« und immer kleiner werden, bis sie wieder Kinder sind? Das geht doch nicht.

Das geht nicht, und das meint und will Jesus auch nicht. Er meint es so: Viele Menschen tun nicht das Gute, sondern tun Schlechtes und Böses. Man könnte sagen: Sie sind nicht auf dem richtigen Weg. Ihnen sagt Jesus: Kehrt um!

Werdet wie die Kinder: Seid nicht geizig und gierig, sondern teilt mit solchen, die weniger haben. Wenn ihr streitet, laßt den Streit nicht wochenlang andauern, sondern versucht, euch wieder zu vertragen. Seid nicht hinterhältig, sondern redet und handelt offen und geradeheraus. Seid nicht immer so mürrisch, laßt nicht an den andern eure schlechte Laune aus. Vor allem: Verführt nie ein Kind zum Bösen!

Und damit man sehen konnte, wie lieb er die Kleinen hatte, nahm Jesus einmal die Kinder, die man zu ihm brachte, in die Arme, drückte sie an sein Herz, legte ihnen die Hände auf und segnete sie.

Alle Völker – lobet den Herrn

Mit allen, die an Jesus Christus glauben, verkünden wir seinen Tod, und wir preisen seine Auferstehung. Wir erzählen von Jesus, heute und alle Tage, bis er kommt in Herrlichkeit. – Mit allen Menschen, die an Gott glauben, in Europa und in Amerika, in Afrika, in Asien und Australien, loben und preisen wir den Herrn.

Lobet und preist Gott den Herrn im Himmel,
Lobt ihn, ihr Engel, ihr Engelscharen!
Lobet und preiset ihn, Sonne und Mond,
Lobt ihn, ihr strahlenden Sterne, ja lobt ihn!
Preiset ihn, Himmel und Erde, Regen und Quellen.
Lobet den Herrn, Menschen und Tiere auf Erden,
Preist ihn, ihr Ungeheuer, tief unten im Meer!
Du Feuer: Preise ihn! Du Nebel: Lobe ihn!
Ihr Winde und Stürme, Hagel, Schnee, Eis,
Lobt ihn und preist ihn, ihr Berge und Hügel,
Ihr Kiefern und Fichten, ihr Laubbäume, Obstbäume!
Lobt ihn, ihr wilden und zahmen Tiere,
Katze, Hund, Hase, Tauben und Adler, ihr alle!

Lobet und preiset ihr Völker den Herrn!
Lobt ihn, ihr Fürsten! Könige: Preist ihn!
Ihr Alten und Jungen: Lobet den Herrn!
Preiset ihn, Mädchen! Preiset ihn, Knaben!
Ihr alle, auf, singt ein Loblied dem Herrn!
Lobt seinen Namen, den Namen, der lautet:
Ich-bin-da-für-euch.
Kein Name ist so gut wie der Name des Herrn,
Seine Schönheit strahlt auf über Himmel und Erde.
Wir sind sein Volk, er unser Glück, unser Ruhm.
Preiset den Herrn, Halleluja!
Lobt ihn in Ewigkeit, Amen.

Die Botschaft der Bibel

Als Mose im brennenden Dornbusch Gottes Stimme hört, fragt er: Wer bist du? Wie ist dein Name? Gott antwortet: Mein Name ist Jahwe. So soll man mich nennen in allen Generationen.

Der Gottesname Jahwe ist eine Kurzformel für die ganze große Botschaft der Bibel. Alles, was in den 73 Büchern der Bibel steht, ist in dem einen einzigen Wort Jahwe enthalten. Denn Jahwe heißt: »Ich bin da«.

Im Alten Testament sagt Gott gelegentlich: Ich bin der Gott Abrahams, Isaaks und Jakobs. Das heißt: Ich bin der Gott, der schon in alter Zeit da war und eure Väter behütet und geleitet hat. Ein andermal sagt er: Ich bin der Gott, der euch aus Ägypten geführt hat. Das heißt: Ich bin nicht irgendein ferner, unbestimmter Gott, sondern ich bin da, nahe, konkret, handelnd, helfend; in den entscheidenden geschichtlichen Situationen bin ich bei euch. Auf mich ist Verlaß.

Im Neuen Testament macht Jesus das Da-Sein Gottes, das Wirken Gottes, noch deutlicher. Der Name Jesus ist sozusagen eine Verdoppelung des Gottesnamens Jahwe, denn Jesus (ursprünglich: Jehoschua) heißt: »Ich-bin-da ist wirklich da«, Gott ist euer Retter, euer Heil. Jesus war unermüdlich da für die Menschen seiner Zeit und seiner Heimat: Für die Armen und die Reichen, für die Kleinen und die Großen, für die Rechtlosen und die Ausgestoßenen, für Blinde, Taube und Lahme, für Männer, Frauen und Kinder, für Gerechte und Sünder, für die »Mühseligen und Beladenen«.

Doch war Jesus nicht nur da für die Menschen damals, er versichert uns im Namen Gottes, daß er auch bei uns ist, heute und alle Tage bis ans Ende der Welt. Und wenn das Ende der Welt gekommen ist, wird Gott, so sagt die Bibel, bei uns Wohnung nehmen, er wird mitten unter uns sein in Ewigkeit.

Gott war da – Gott ist da – Gott

wird da sein: Er ist der Gott der Vergangenheit, der Gott der Gegenwart, der Gott der Zukunft. Darum zieht sich der Gottesname »Ich-bin-da-für-euch« wie ein roter Faden durch *Die neue Bilderbibel*. Die Kinder sollen von klein an wissen, daß hinter allen Worten und Bildern der Bibel das eine steht: Gott – das ist unser Vater und unsere Mutter; Gott ist unser Freund; Gott ist unser Retter und unser Heil; Gott ist der Herr, der uns hilft und behütet.

Jahwe – Ich-bin-da-für-euch: Einen schöneren Gottesnamen kann man sich nicht denken.